好的愛有邊界

沒有誰該受傷，
從揪心到暖心的50個邊界正念練習

吉祥／著

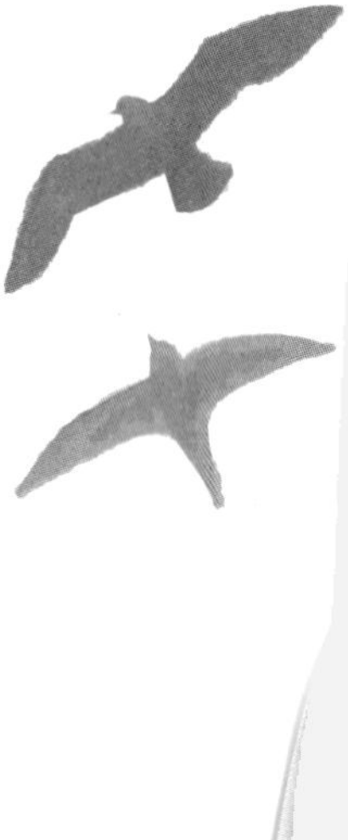

CHAPTER 01

多數痛苦的關係，源於沒有邊界感

CHAPTER 02

有邊界的愛，才有安全感

CHAPTER 03

這樣立界線，關係不受傷

CHAPTER 04

提升你的邊界感

CHAPTER 05

關係再好，也要承擔越界的後果

CHAPTER 10

活出有邊界感的人生

良好的界線是藝術，不好的界線是束縛

這幾年建立界線的書非常多，但筆觸這麼直接的大概就只有這一本了！如果你有下面這些「症頭」，那麼千萬一定要把這本書帶走：

1 不好意思拒絕別人

2 設了界線，卻還是經常被踩線

3 經常被情緒勒索，搞不清是誰的錯

4 害怕衝突、傷感情，卻委屈了自己

5 常常心軟，結果孩子騎到你頭上

這本書從伴侶、長輩、孩子等等方面和你討論如何在不同的關係當中建立界線，其中一個令我拍案叫絕的觀念是：「沒有界線的後果，形同虛設。沒有界線的人，就像家裡沒有門，沒有設後果的人，就像安裝了門，但是卻沒有裝門鎖。」

上面這段話聽起來很像心靈雞湯，但其實裡面非常有學問，作者吉祥談到，很多時候你會不斷被踩線，是因為你設定了一些不清楚、不切實際的後果，例如你跟孩子說：「如果你

再滑手機，我就把你從樓上丟下去。」你的孩子一聽也知道這是不可能的事，所以雖然你設定了後果，但就像是裝了一個壞掉的門鎖，大家還是可以不斷「入侵你家」。那麼，到底要如何安裝一道可以保護自己的門呢？

首先，建立界線＝提出需求＋告知後果。你必須明確告訴對方「你想要什麼」，並且說明「如果他沒有做這件事情，會發生什麼樣的後果」；接著，你所設定的後果必須符合下面五個條件：

- 後果一定要事先說明
- 後果一定是可以實施的
- 後果一定是可以承受的
- 後果要跟前面的行為有關
- 後果一旦設計，就一定要執行；但要給予補償的機會

所謂「可以實施」以及「可以承受」是指，當對方踩了你的線，你是真的有辦法做出這個行為，而不會覺得「實施後果對你自己來說是一種懲罰」，並且，這個後果是對方不想要的、可是他有權利選擇做出你想要的行為，來達到他想要的後果。例如，你跟你的伴侶說：「如果你以後再超過十二點回家，那我就三天不跟你講話。」這個後果你可能做不到、或者

是做出來會讓你極度痛苦，甚至是你的伴侶巴不得你不要說話他樂得清閒，那麼這個後果就是無效的，甚至是有害於關係的。

我在讀這本書的時候，內心覺得：「真的要這麼狠嗎？」但讀到後面會發現，作者其實也不是不近人情，倘若你有妥善設計後果，並且提供補償方案，那麼其實是給這段關係一個機會。以上面的例子來說，你可以改成：「我很在意我們兩個人一起睡覺前相處的時間，但每次你很晚回家，我們就沒有辦法好好講話。如果你下次再超過十二點回家，那我就會先睡不等你，然後我會生氣一天；不過，如果你隔天有另外陪我好好說話三十分鐘，我生氣的時間就會縮短成半天。」這樣一來不但表達了你的情緒、設定的界線、也說了後果，更重要的是提供對方補償的機會。

就像作者所說，設定界線，是為了維繫關係；很多時候我們以為委屈退讓，可以讓關係延長，但後來發現，這只是變相讓自己持續受傷，而當你在關係裡面不快樂，再長的關係也都只是飲鴆止渴。

良好的界線是藝術，不好的界線是束縛，我相信這本書可以帶你探索更進階的界線設立策略，給這段關係，一次新的機會。

——**海苔熊** 諮商心理師

明說自己想要什麼，沒那麼難！

有意識地建立他人與自己相處界線，讓我的事歸我，你的事歸你，雙方不要互相影響，不互相踩雷，不無謂的為彼此負責。

擁有這樣的邊界感，對你而言是不是天方夜譚？在華人世界總是在談論著以和為貴、以八面玲瓏為美德，讚揚著薛寶釵的大器、嫌棄著林黛玉的自私自我，要有邊界感真的要有被討厭的勇氣，你敢明確說出自己想要的是什麼，不要的又是什麼嗎？

我大概是少數偏向有邊界感的那種人，因為我個性急、重效率，懶得彼此猜心，想要、不想要什麼，我都會直接說出來，即使知道可能因此面對衝突，我也很少為此迂迴。雖然這種個性讓我一路多了崎嶇、常得罪人，但幸好老天垂憐，我天生忘性高，金魚腦，壞情緒一下子就過了，不太會記仇，所以即使有不開心的流言蜚語，我很快就能拋諸腦後。

以結果論而言，我覺得挺不錯的，雖然一路上毀譽參半、喜歡跟討厭的評價都很強烈，但因為我在重視的項目中堅持立下了界線，像是在談升遷加薪時，開宗明義的跟長官反應自己的想要、不想要，讓我一路上穩步朝自己設立的階段性目標前進，而我用同樣的態度進入婚姻，也少了些磨合的顛簸。

在婚姻中，我想要什麼直接說、不想要什麼也勇敢直接的表達。我總覺得人生苦短、何必猜心，想要先生怎樣對待，我總是挑明，絕不口是心非，因為我覺得與其讓對方一次一次試錯中學習，不如直接公布正確的「使用守則」，讓他很輕鬆就知道如何跟自己正確相處、投己所好。如此一來我不但不會被自己討厭的方式對待，彼此的感情也不會在無謂的爭吵中磨損。

夫妻是要相伴到老的人，如果因為對方的期盼或所謂「大局為重」而勉強迎合犧牲，除了演戲很痛苦，自己也會被氣到內出血，得不償失。

我婆婆也是這樣很有邊界感的幸福女人，老公對她呵護備至、子女孝順貼心，對待媳婦，她也是勇敢表達自己想要被對待的方式，因為有了明確的指示跟需求告知，身為媳婦的我就不會誤踩雷區，也不會有努力後卻不被領情的窘境。文筆很好的婆婆會跟我書信往返，我們分享彼此對人生處世的體悟、對於事物的看法，因為彼此坦誠，很清楚對方的想要與不想要，不用去猜，不懂就直接問，從中找到平衡點，相處起來沒什麼芥蒂。

如果覺得好的伴侶、好的婆家、好的小孩，好的父母，只是得之我幸不得我命，那就太消極了！不要那麼早放棄！如果你也對現狀很不滿，我真心推薦大家試著用本書分享的方法按部就班習得立下健康界線的技巧，無須冒著關係無可挽回的風險盲目試錯，兵不血刃的革命成功，獲得自己想要的對待。

「好的愛、有邊界」，珍視自我價值，為他人對待你的方式設下界線，不隱忍、不當爛好人，學會說「不」的勇氣，掌握說「好」的智慧。

——**張齡予** 新聞主播、主持人

會被情緒勒索，是因為不懂得立界線！

近年來，情緒勒索、PUA幾乎成為人盡皆知的詞彙，可見受害者之多。

在《好的愛，有邊界》一書中，作者說，被情緒勒索，就好像自己的家，沒有門窗，任何人都可以進入家中掠奪我們。

正常來說，一個人的家，會有外牆、大門、客廳、臥室……我們跟陌生人，會站在外牆說話；跟不太熟的人，可能會站在大門說話；熟識的朋友，則會邀請到客廳坐坐，家人則可以進入臥室。一個有界線的人，會為不同關係對象，豎立不同距離。

可是，一個沒邊界的人，無法視關係遠近，維持恰當距離。例如對一個剛認識的陌生人，就掏心掏肺，把自己所有隱私都跟對方說，這就好像邀請一位陌生人，進入臥室。這是危險的舉動。但缺乏邊界的人，會為了討好他人，用錯誤的方式，建立關係。

一個無法維持自己邊界的人，往往也無法意識到他人的邊界。例如有一位小女孩，從小無法擁有自己的東西，身為長姐的她，總被教導，玩具要讓給弟弟妹妹。若小女孩護著自己的東西，堅持不讓，她的爸媽就會說：「這是花我的錢買的玩具，這不是妳的！」然後，一把搶過小女孩護著的玩具，拿給弟妹玩。

若干年後，這位小女孩長大了，變為人母了。成為媽媽的她，也對自己的小孩沒邊界。她的孩子，也永遠沒有屬於自己的東西。媽媽總對孩子說：「這東西是我買的，不是妳的！」然後，把孩子珍愛，媽媽卻認為是垃圾佔位置的東西，一把扔進垃圾桶。

媽媽也總是偷翻孩子的信件、手機訊息，無論孩子如何抗議，都沒用。

孩子說她不愛吃甚麼，媽媽也聽不進去，認為這東西很營養啊！妳吃就對了！

孩子說她想讀某科系，媽媽認為沒出路，偷偷更改孩子的志願，逼迫孩子上一間不想讀的學校科系。

孩子交男友了，媽媽說這對象不好，背地搞鬼，害男友跟自己分手。

當孩子長大後，她拼命打工賺錢，因為她只有擁有自己的錢，她才能擁有自己的東西。媽媽給她的錢，她分毫不敢取。

孩子搬出去住了，她需要離媽媽遠遠的，她才能擁有自己的隱私、自己的生活、自己的所有物。她終於卸下警戒，在自己的領土上，可以好好放鬆、有安全感。

然後，媽媽說：「妹妹要到妳租屋處附近讀書，妳家分她住。」孩子強烈拒絕，媽媽大罵孩子：「怎麼可以不幫家人！妳真自私！」媽媽無法諒解孩子，孩子也好生氣，為何連她好不容易掙出來的一片淨土，也要被掠奪走。親子關係幾近決裂。

孩子還是在意媽媽的。她規定自己每三個月要回家一次探親。可是每次回家，她都好累。她必須戴上面具，因為她知道，媽媽眼裡看不到真正的她，自己說甚麼、想要甚麼，媽媽都不會聽，只會把自己認為的好，硬塞給孩子。孩子早就放棄跟媽媽溝通了。

孩子心裡非常孤單。她多麼希望媽媽可以聽到自己說的話、給予回應。但孩子也意識到，這真的是奢求。孩子就算回家，也不敢跟媽媽聊任何隱私，深怕媽媽知道太多自己的生活，又要涉入搞破壞。

孩子多麼失落。她從沒感受到媽媽的愛，在錢上，也對自己相當計較。可是她的媽媽，卻為了陌生人，到處籌錢。孩子感覺，自己在媽媽心目中的份量，竟比不上一個剛認識的陌生人。

而這是一個悲劇。缺乏界線的互動，代代相傳，媽媽小時候，界線不斷被侵犯，無法擁有自己的東西。媽媽已經習得無助，她房子的門窗，早就被她父母卸除得無影無蹤。媽媽長大後，也從沒意識過，她可以幫自己房子裝上門窗了。媽媽太習慣用沒有門窗的房子，來與人應對互動，這成為媽媽習慣且熟悉的生存策略。因此媽媽對陌生人，無法維持恰當界線，過於討好，易被控制利用；對於親近的孩子，則缺乏界線，過於侵犯。

然而，這代代相傳的悲劇，可以不成為宿命。從拿起這本書開始，學習立下正確的界線，就可以扭轉命運。這本書中，用許多案例，引導讀者該如何立界線、以及立界線何以這麼重要。

許多人擔心，立界線好像在拒絕人。會讓關係疏遠。但從上述故事，我們可以看到，缺乏界線，會讓本該親近的關係，只能維持疏遠。有界線的健康關係，才能真正靠近。

情緒勒索，只要一個人拒絕，這齣戲就無法繼續上演。好的愛，是該有邊界的。

——**陳雪如 Ashley** 心理師、講師、作家真正的愛，分得出你我。

這句話好像很奇怪，愛不是應該要不自私嗎？怎麼要分你我？精確一點說會是：我不會因為愛你而消失，你也不會因為被我愛而失去自我。

在親子關係裡，有邊界的愛可以讓孩子不用複製父母的人生；可以讓父母不用讓付出變成犧牲。

在伴侶關係裡，有邊界的愛可以退讓也不感委屈，可以表達也不擔心被拒絕。

願每一位讀到這本書的朋友，都能學習到在愛裡自由且安全的姿態。

——**曾心怡心理師** 伴旅心理治療所所長、伴旅馥心心理治療所執行長

「沒有界線的關係，就像是沒有大門的房子」，當每個人都能隨意地闖入我們的房子裡說三道四的，我們不僅會疲於奔命的應付外界，也會逐漸失去自己。

不管是親情、友情、愛情，還是職場工作，朋友交際，甚至是夫妻相處、親子相伴，如果沒有設立自己的邊界感，我們就不能真正地，做自己生命的主人。

有健康的邊界，才會有健康的愛，這本書，可以陪著我們，設立自己健康有愛的邊界，過自己真正的人生，也經營好和善有禮的關係。

——**尚瑞君**　二〇二四年博客來上半年親子類銷售第一、第八、第十名作者

華人社會的界線模糊，結婚沒？薪水多少？為什麼不自己帶孩子？為什麼不去上班？當媽的人不要到處亂跑、小孩就是閉嘴聽大人的、我說這些都是為妳好⋯⋯這些逾越個人隱私的「對話」每天都會出現在我們四周。

這本書教妳如何培養堅定不移的能力，瞭解、尊重並保護自己設立健康的人際邊界，擺脫各種越界與情緒勒索！拿捏好與他人之間的邊界，重新掌握情緒，關係就會變得更好。

「舒適的關係，來自明確的界線感。」

——**周小米**　『Miss Mama。媽媽小姐』版主

前言

「你想清楚了，有她就沒有我，有我就沒有她！」

砰的一聲，曉蘭[1]摔上門，頭也不回地走了。

「她是我媽！你神經病吧！」王健拉開門，朝著遠去的妻子大吼。

他不明白，曉蘭的性格一向溫柔好溝通，今天為什麼如此反常。聽說王健要接自己的母親來家裡住，曉蘭竟然當場翻臉，堅決反對這件事。

然而，無論如何，王健心意已決，他一定要把媽媽接到家裡來。

小時候，王健的爸爸常年在外工作，在他十二歲那一年，爸爸去世了。媽媽咬緊牙關，受盡委屈，萬分艱難地把他們兄妹三人撫養長大。好在兄妹三人都爭氣，考上了好大學，畢業後也都找到好工作，各自建立自己的家庭。

王健現在是一家大企業的總工程師，每年年薪加分紅有近五百萬元[2]，是最讓媽媽驕傲的孩子。她經常對王健說：「媽媽這輩子什麼都沒有，只有你們，我一輩子都奉獻給你們了。還好你們三個都爭氣，特別是你，讓媽媽老有所依，面上有光。我前半輩子辛苦，現在總算要跟著兒子享福了。」

王健對此深以為然。作為大哥，他懂事最早，心裡最清楚媽媽一路撫養他們經歷過多少艱難。他早就暗暗發誓：將來我出人頭地了，一定要好好補償媽媽！所以，三年前他和曉蘭在市區買了房子，第一時間就把媽媽接過來住。

當時，妻子曉蘭是歡迎婆婆來住的。她聽王健說過，婆婆當年如何含辛茹苦把他們兄妹養大，她也很心疼婆婆的不容易。婆婆住進來的第一天，曉蘭就暗暗決定，要把婆婆當成自己的母親一樣照顧和孝敬。

王健的媽媽住進小倆口的家裡，也不想當個閒人。她心疼兒子和媳婦每天早出晚歸，於是自告奮勇，主動幫忙打理家務。每天她都把家裡打掃得乾乾淨淨，做出熱騰騰的飯菜，把小倆口的衣服洗乾淨，還疊得整整齊齊。王健怕她太累，還特意找了個打掃阿姨，但是當天就被她辭退了。她說自己苦了一輩子，做這點事有什麼辛苦的，何必浪費錢請人打掃。

1 書中案例的姓名皆為化名。
2 書中的金額皆為台幣。

剛開始，一切都很和諧。王健很享受媽媽的照顧，媽媽也有事可做，覺得自己沒吃閒飯，是個有用的人。但是，漸漸地，矛盾開始出現。

最開始是曉蘭發現，婆婆總是趁他們上班時進他們的臥室，把她和王健的衣服，包括內衣、內褲都拿去洗。她跟婆婆說過好幾次，不要到他們臥室拿衣服，要洗的衣服她會放到洗衣機旁的籃子裡，但是婆婆每次都是口頭上答應，實際上依然我行我素。在曉蘭的心中，臥室是非常私密的地方，她不希望別人隨便進入。何況，婆婆好幾次擅自整理他們的衣櫥。那衣櫥裡有好幾套她的情趣內衣，被婆婆擺到其他的地方，讓她感覺自己的隱私被侵犯了。

其次出現的問題是，曉蘭的生活方式跟婆婆有很大差異。曉蘭希望王健能時不時地陪她出去吃個飯，可是自從婆婆住進來以後，他們每頓飯都得在家裡吃。對曉蘭而言，婆婆做的飯太淡，又總是那幾個菜，偶爾她想出去吃換個口味，婆婆就會不高興，一是心疼錢，二是覺得外面的飯菜不乾淨又沒營養。這樣一來，曉蘭就覺得壓力很大，每天吃著不對胃口的飯菜，卻不能花自己的錢出去享受美食，心裡總有點悶氣。

每天早上七點，婆婆做的早餐會準時上桌，因此她要求王健這個時間穿好衣服、洗漱完畢，準備好吃早餐。用她的話說，一日之計在於晨，早餐吃得早點，中午才會準時肚子餓，這樣三餐才能準時、規律。

可是曉蘭和王健都是夜貓子，他們的工作要求晚上加班，但白天不用早起上班，所以早起對他們而言無比痛苦。王健還能硬撐著爬起來吃早餐，畢竟從小到大就是這麼習慣的，曉蘭可就不願意了，她寧願不吃早餐也要睡飽一點。

有天，王健進房間叫醒曉蘭說：「曉蘭，你連續幾天都沒起來吃早餐，我媽不高興了。」

「為什麼？」曉蘭不懂婆婆不高興的原因是什麼。

「她說，她辛辛苦苦做早餐，你不起床吃，就是不給她面子。」

曉蘭聽了覺得很驚訝，她對王健說：「你沒跟她說我晚上都很晚睡，早上爬不起來嗎？」

「說了，但老人家嘛，做都做了，你好歹給個面子，爬起來吃幾口再回去睡，好嗎？」

曉蘭心裡一萬個不情願。為什麼你做早餐，我就一定得吃？又不是我要求的。但是，看著丈夫為難的臉，她一邊氣他什麼都順著他媽媽不能替自己擋著，一邊又心疼他被夾在中間左右為難，於是只好忍著一肚子的氣出去吃飯。

除了這些生活瑣事，曉蘭發現，還有一個很大的不便：婆婆在家，兩人都不能痛痛快快地吵架了。有時候還沒有到吵架的地步，只是觀點不同，兩人有些口角，王健的媽媽就會出來說：「別吵別吵，家和萬事興，好好的你們吵什麼呢！」

兩人明明可以通過這樣的爭執、分辯過程來溝通，從而更加瞭解對方的想法，卻因為婆婆的勸阻變得不能溝通，更不能吵架。久而久之，兩人心裡都積累了不少情緒，經常一碰就炸。

其實曉蘭很糾結，婆婆並沒有做什麼太超過的事，而且她在家裡也幫了他們夫妻不少忙。曉蘭無數次懷疑：是不是我太自私？這麼好的婆婆，我還不知足，還覺得人家不好？

於是，她一次又一次地選擇隱忍、選擇沉默、選擇自我安慰和自我開解。

與此同時，王健這邊也不好受。他明顯感覺到了老婆的不滿。老婆覺得他是「媽寶」，不像以前那樣尊重他。同時，他也感覺到，因為媽媽的入住，他們無法隨心所欲地享受二人世界，感情明顯疏遠了很多。

曉蘭催了他好幾次，讓他勸婆婆搬出去，要麼回老家、要麼幫她在附近租個房子。可王健每次跟媽媽提及租房子的事，媽媽就開始流淚，擺出一副被拋棄、生無可戀的樣子，還會說：「媽老了，沒用了。你長大了，不再需要我了。」

類似這樣的話，讓王健只能就此作罷。

而王健媽媽的心裡也不好受。她原本期待的是，住進兒子家裡，就像住進自己家裡一樣，她還是那個什麼都說了算的媽媽，繼續照顧兩個孩子。可現實是，在這個家裡，她像個「第三者」。做了飯，媳婦不喜歡吃；想幫她洗衣服、打掃家裡，還不能進臥室。

看著媳婦日漸陰沉的臉和兒子努力掩蓋的不安，她想：我當初犧牲一切養人的兒子，怎麼結了婚就不願意和我一起住了呢？我是哪裡得罪了媳婦，她為什麼非得把我趕走呢？我在家裡做那麼多家事，他們都不領情嗎？好像我做越多，就錯越多，難道兒子是個「白眼狼」，娶了媳婦忘了娘？

這個家庭裡的三個人，起初都對彼此充滿了愛，卻因為缺乏邊界感而讓彼此越來越痛苦。他們都試圖用壓抑、掩蓋、隱忍、自我開解等方式來維繫關係，結果卻讓彼此的關係漸行漸遠。

這就是為什麼愛得越深、關係越親密，我們就越需要設立邊界。

設立界線，讓愛不再帶來傷害

我第一次清晰意識到人和人之間的界線，是在 Jack 和蓮瑩夫婦家裡。

我清楚記得，當時我坐在他們家客廳窗邊的米白色搖椅上，而他們正在往窗邊的聖誕樹上掛裝飾品。我已經不記得當時他們在說什麼了，應該是對話不太愉快，Jack 突然放下手中的裝飾品，沉著臉離開客廳，去了他的房間。

我疑惑地看向蓮瑩，覺得很尷尬。而蓮瑩卻泰然自若地和我聊天，一邊還繼續掛裝飾品。我能夠感受到，她的那種自然的態度，不是因為有我這個多年的老朋友在場而故意裝出來的，而是她真的沒有被丈夫的情緒影響。

我問她：「Jack 怎麼了？他為什麼生氣？」
蓮瑩說：「哦，他有些生氣，需要安靜一下。」
我很善解人意地說：「那你要不要進去看一下？」
沒想到，蓮瑩接下來的話讓我大吃一驚。
她輕鬆地說道：「沒關係，這是他的情緒，讓他自己處理一下就好了，我們不用為他負責。」
這是我人生中第一次聽說，我們不用為另一個人的情緒負責。
從小到大，我都被直接或間接地告知，我需要為別人的情緒負責：
我爸爸生氣了，是因為我不聽話，惹他生氣，所以我需要對他的怒氣負責；
我媽媽焦慮了，是因為我考試不及格，所以我需要對她的焦慮負責；
我被老師批評了，是因為我上課不專心，所以我需要對她的暴怒負責；
……
但今天，這個世界上有一個人告訴我，她不必為她丈夫的情緒負責！
從那時開始，我開始去瞭解「界線」的概念，並試著用有邊界感的眼光審視人和人之間的關係。我猛然發現，原來沒有界線的關係，哪怕是最親的血緣關係，其中也會埋藏很多的怨懟和憤怒。

隨著我對界線的瞭解越多，我就越發現，界線是一切關係的基石。健康的界線不但不會摧毀關係，反而會保護關係，讓關係更加健康、親密和長久地維繫下去。

這十幾年間，作為心理諮商師，我為兩萬多個家庭提供了超四萬小時的心理輔導。通過總結這些輔導經驗我發現，很多人之所以會有嚴重的焦慮症、抑鬱症，很重要的一個原因就是：無論男女老少，從事何種行業，他們在生活中都完全沒有界線意識，在人際關係中嚴重缺乏邊界感。

Rachel，三十五歲，單身，常年失眠，極度焦慮，因為她的父母隔三岔五地就攻擊她，說她這麼大年紀還不結婚，並且自作主張給她安排了許多相親對象，讓她為自己的單身感到無比羞恥。

仁忠，四十七歲，離婚，中度抑鬱。他很愛自己的前妻，離婚的原因是他無法阻止母親對妻子百般刁難，妻子多次提出希望他和媽媽立界線，他做不到，於是妻子帶著孩子離開了他。

王琴，五十二歲，上市公司高階主管，重度抑鬱。她從小有一位對她極度嚴格的母親，每次考試她如果不是第一名就會挨揍。直到現在，她的媽媽還會因為她的事業達不到自己的要求，或是育兒方式不合自己心意而對她破口大罵。

芳芳，二十六歲，獨身主義者。她堅決不結婚，因為她看到父母的婚姻缺乏界線，他們總是用最惡毒和尖刻的語言彼此辱罵、彼此傷害，最後各自出軌。

我的系列課程「為家庭立界線」，每年都有許多傷痕累累的人來參加。這樣的案例數不勝數，讓人痛心。特別是，其中有很多人非常優秀，是各行各業中的佼佼者，卻因為從來沒有人告訴他們在關係中應該有邊界感，也沒有建立起健康的界線，而常年被困在不愉快的關係和情緒壓力之下，痛苦不堪。

再講一個例子：一個孩子去參加物理奧賽，沒有拿到優勝，但是也拿到了獎項。其實，這個男孩子已經很優秀了，但是他的媽媽非常失望，表現出十分惋惜的樣子，並且跟這個孩子說：「你看，你讓我飯都吃不下了。」這句話一直影響著這個孩子，直到他三十八歲來找我諮詢，跟我講到那一幕時，他仍記得很清楚，就是從那個時候開始，他認為，如果他媽媽難過到吃不下飯，那是他的錯，是他的責任，是他沒有做好。久而久之，他形成了一個錯誤認知：他需要為別人的情緒負責。

怎麼負責呢？他必須完美，優秀，毫無缺陷。

當然，我相信這不是他媽媽說了一次就造成的結果，應該是他媽媽平時就有類似的表達。所以他要求自己什麼都要做得很好，一定要非常優秀，不能輸，只能贏。他不想讓他媽媽失望。

長大後，他在工作當中怕老闆失望。在婚姻中，他怕他的太太失望。所以，他想盡一切辦法，做了很多「維持優秀」的事情：為了維持他的業績，作為銷售經理的他，不惜篡改公司銷售數據；作為丈夫，他為了給家人更加優渥的生活而成了工作狂，妻子因為他常年缺席家庭生活，毅然和他離了婚；後來，公司發現他作假，一紙訴狀將他告上法庭……

有一次我在接受採訪的時候提到，在我看來，東方社會是最有人情味的社會，東方的家庭是最願意為彼此付出和犧牲的家庭，東方人是最講感情的人，大家都為了更美好的關係用盡全力，卻常常因為缺乏界線意識功虧一簣。結果是，我們越努力，越容易產生難以彌補的傷害。

這也是為什麼每次我回國做界線主題的講座，都場場爆滿。很多人在聽完講座後分享，就像我在Jack和蓮瑩家裡所經歷的一樣，他們的界線意識被講座開啟了，開始用更有邊界感的眼光審視自己的生活，對很多已經失去信心的關係重新燃起了修復的希望。

凡此種種，令我萌發了一個念頭，何不寫一本書，專門講一講如何在各種關係中設立界線，讓它成為我們所有關係的祝福。

你是否需要這本書？

如果你不是很確定自己是否需要這本書，以下幾個場景，請你測試一下，看看自己究竟是不是一個有邊界感、會立界線的人。

評分標準：

能夠迅速清晰並理直氣壯地設立健康界線：十分。
會猶豫很久，然後提出界線要求並給越界的後果：八分。
可能會提出要求，但有很大機率會被對方無視：六分。
會提出界線要求，但不會給越界的後果：四分。
不會提出界線要求，也不會給越界的後果：兩分。
根本不敢立界線：零分。

場景一：

你在外地工作，有一天媽媽打電話給你，說她的好友張阿姨的女兒這兩天要到你這裡來玩，讓你招待一下。她來玩三天，這三天你要全程陪她，帶她去逛當地的觀光景點，可以讓你媽媽在張阿姨面前很有面子。這在我們東方文化中是一件再正常不過的事，但問題在於你那幾天恰好有很多事要做，沒時間陪她，你需要加班來完成評鑑。但是媽媽說，沒關係，你可以只陪她一天。問題是你連一天時間都沒有，可是你媽媽也已經退而求其次了，這樣的要求你會怎麼回應？你知不知道自己該怎麼做？請你根據真實的情況來考慮，而不是想像自己會怎麼做。怎樣可以很好地把界線建立起來呢？你是否能以非常舒適的狀態來立界線，而且非常自信地知道該怎麼立界線呢？以零到十分計，你對你和媽媽立界線的能力打幾分？

場景二：

你有一個同事每次和老闆彙報的時候總會把你的業績說成是他的，你心裡很不舒服，這個時候你會怎麼做？選擇跟他大吵一架還是跑到老闆那裡哭訴？這些方式都表示你不太會立界線。那麼，到底該怎麼做比較好？以零到十分計，你對你和同事立界線的能力打幾分？

場景三：

每次你出去吃飯或者去買咖啡，你朋友都會請你幫他順便帶一份，但是你發現每次你帶回來以後，他從來不提給你錢的事，也從來沒有回請過你。而且，你發現他好像已經形成習慣，總是只找你。請問，這時候你會怎麼做？你知不知道怎麼做合適，並且你內心非常自信，也很坦然，可以照此去做？以零到十分計，你對你和朋友立界線的能力打幾分？

場景四：

從你很小的時候開始，你父母的關係就不好，後來他們離婚了。離婚後，你媽媽總是說你爸爸的壞話，說他是個渣男，如何始亂終棄，自己怎麼樣瞧不起他等等。或者是反過來，你的爸爸總是這樣評論你媽媽。請問，遇到這種情況，你會怎麼做？或者是，如果他們沒有離婚，但總是吵架，吵完架就跑來跟你講對方哪裡不好，你會怎麼做？你對自己現在的做法是不是滿意？以零到十分計，你對你和媽媽、爸爸立界線的能力打幾分？

場景五：

你爸爸跟你說，他這麼多年不和你媽媽離婚，都是因為你，所以你以後一定要出人頭地，有出息，這樣才對得起爸爸。你媽媽和她的家人都瞧不起你爸爸，他這一輩子都窩在這兒，就是因為你。他不希望你成為一個沒有爸爸的人，也不希望你的家庭是破碎的。現在，他就你這麼一個指望了。請問，這個時候你會怎麼想、怎麼做？對自己可能會有的反應，你覺得是對的嗎？你覺得舒服嗎？以零到十分計，你對你和爸爸立界線的能力打幾分？

完成這幾個測試之後，你可以看看自己的總得分。如果你的得分高於四十五分，恭喜你，你對自己立界線的能力很自信，相信你對界線已有一定程度的認知，可以對照本書相關章節，看看你所立的界線是否健康，是否為不傷害關係、反而能保護關係的界線。如果你的得分低於三十分，建議你認真通讀這本書，因為你對界線的認知可能非常模糊且有諸多誤解，因此對這個話題心存恐懼。你需要通過此書，糾正對界線的錯誤認知，學習如何克服恐懼，建立保護長久關係的界線。如果你的得分為三十到四十五分，說明你期待立界線，但可能不知道如何正確地立界線，建議你將這本書作為指南，按照裡面的原則來梳理你的人際關係。

在這本書裡，我會使用實際的案例解釋什麼是界線，我們對界線存在哪些常有的迷思，幫助你梳理自己內心的糾結，勇敢地打破文化、傳統和環境的限制，逐步建立起健康的界線。在本書的後半部分，我還會具體講到如何為婚姻、父母、孩子和自己立界線，讓我們的家庭全方位地被健康的界線意識所賦能。

當你學會了如何建立健康的界線，你會發現：

你終於不必一直忍受父母的種種干預，可以更輕鬆、更愉快地跟他們相處；

你對別人將更有安全感，因為你不會再允許別人故意或不經意地佔你便宜；

你對自己也更有安全感，因為你能用界線來保護自己，不輕易被傷害；

你會更加理直氣壯，因為邊界感會讓你更自信，更喜歡自己；

你不再一心想要討好他人，讓所有人都喜歡你，因為你知道自己不必再為他們負責；

你和家人、朋友更親近了，因為界線讓你們不再彼此傷害，而是讓你們彼此更尊重；你更懂得享受生活了，因為界線讓你的生活非常安全，不會有人進入你的生活中對你指手畫腳、隨意指責，你也不再被別人的道德所綁架、被別人的情緒勒索所捆綁；

你更有力量了，因為你開始掌控自己的生活，規劃自己的生活。

王健和曉蘭這對夫婦，後來報名學習了我的兩門課程。一門是之前提到的「為家庭立界線」，還有一門是「婚姻共進營」。在課程中他們終於明白，之前讓他們痛苦不堪的爭吵，並不是因為他們對生活的期待有問題，而是因為他們沒有為這些期待設立界線。以至於一方的期待在另一方的眼中成了威脅，結果讓雙方對立起來，無法享受幸福的生活。

痛定思痛，這對夫妻終於坐在一起，為他們的婚姻以及與父母的關係等一一設立界線。其間他們有過很多次爭吵，一次次討論，一次次修改，最終立好了他們家庭的界線。

更難得的是，他們一起跟王健的媽媽立好了界線。他們首先感謝媽媽一直以來對他們的幫助，然後說明清楚為什麼要跟她立界線。

當天晚上，王健的媽媽號啕大哭，感覺倍受傷害。第二天她就執意離開他們的家。夫妻二人已經預料到她需要一些時間來消化這些情緒，所以他們盡可能地向她表達善意，並把她送上了回老家的高鐵。

接下來的半年裡，他們仍然時常給媽媽打電話，買禮物給她，對她噓寒問暖。剛開始，王健媽媽每次接起電話就不停地訴說自己的委屈，痛斥兒子沒良心，試圖讓兒子承認他做錯了。她也用了常見的道德綁架、情緒勒索等方法，希望可以迫使兒子兒媳讓步。

但是，王健夫妻二人都溫柔而堅定地守住了界線，並持續地向媽媽傳遞善意。漸漸地，王健媽媽的反應不再那麼激烈，也不再那麼感到受傷，她甚至反過來開始給夫妻倆立界線。

兩年後，王健媽媽因為意外骨折，需要住進兒子家裡療養。媽媽搬進來的前一夜，王健問曉蘭：「你有什麼擔心的地方，需要我注意嗎？」

曉蘭笑了笑，說：「我們不是以前的我們，你媽也不是以前的媽了，放心睡吧。」

這就是我期待每個人讀完這本書之後可以獲得的生活：所有的關係都被理順，每個人的愛都不被辜負。

歡迎大家關注我的視頻號帳號：吉祥的家庭智慧

多數痛苦的關係
源於沒有邊界感

CHAPTER
01

我們每個人在出生的那一刻，甚至還沒有出生的時候，就已經被賦予了天然的界線，那就是我們的皮膚。你可以想象一下，如果沒有皮膚，當我們彼此擁抱的時候，我們的肉會黏在一起，分開的時候也會特別痛。所以，其實我們在生理上就是獨立的存在，跟其他人是需要分隔開來的。因此，我們的心理和情緒，也應該是有界線的。如果我們的各種關係缺少界線，往往就會滋生很多的問題。

灑狗血的誇張劇情，怎麼會發生在我身上？

有時候我們會覺得，這些事情導演都不敢拍、電視劇都不會這麼演，怎麼就發生在我身上了？

這種戲劇化的情景，經常會出現在沒有界線的關係裡。沒有界線的關係容易讓人產生「無名火」，就是不知道為什麼，但總覺得有點憤怒，心裡藏了一團火，要麼努力把它壓下去，要麼找個機會爆發出來。這是因為對方經常越界，你又不知道怎麼拒絕，這種不愉快就會積壓在心底。於是，我們會想要從別的方面來越過對方的界線作為報復，比如實在忍不了的時候大罵他一頓。這時關係就會變得緊張。

在我們跟父母、配偶、朋友的關係中，經常會出現這樣的情況。

有一位單親媽媽王芳，生下女兒之後，孩子的父親就從她的世界中消失了。她一個人把孩子養大。因為只有她一個人帶孩子，所以她管得很嚴，小到穿什麼衣服，大到女兒長大後交的男朋友，都要干涉。特別是在戀愛方面，她堅決不准女兒跟她不認同的男性交往，因為她害怕女兒步上她的後塵。每次她女兒出去跟男朋友約會，回來之後她都要鉅細靡遺地問出所有細節，甚至要女兒在外出時每二十分鐘向她回報一次，因為她要確保女兒不會跟約會中的男性發生性關係。她的女兒雖然明白王芳為什麼會這樣，但是心裡依然有很多的憤怒，因為她覺得她的男朋友對她很好，所以她跟媽媽的關係就非常緊張。當時，正好也有一位男士在追求王芳，所以她女兒就以同樣的方法去破壞王芳和那位男士之間的關係。這樣一來，王芳與她女兒的關係就變得很戲劇化了。

所以，如果你發現你跟他人的關係常常處於非常緊張的狀態，或者每次都是以極具戲劇化的結果收場，兩個人從此不再見面，刪除對方好友，你就要意識到，這是缺少界線的關係中經常會出現的狀況。

過度依賴，習慣被他人掌控

有一位媽媽想買帽子，但不知道要選哪一頂，她就在媽媽的聊天群組裡發了三張圖片，讓大家幫她選一選哪頂帽子好看。可想而知，她一定會得到不同的答案，因為人多口雜，每個人的審美標準都不同。就為了一頂不到三百塊錢的帽子，這個媽媽等了快半年，遲遲做不了決定。她很難獨立做決定，因為在她的人生中沒有界線的概念。她總有一種傾向，要讓別人來替她做決定，讓別人來告訴她什麼是可以的。她不知道選帽子這件事是自己的責任，她完全可以自己做出決定。所以，她很少掌控自己的生活，她習慣讓別人來控制她，來告訴她什麼是對的、什麼是錯的，什麼可以做、什麼不可以做。

有時我們也會發現，有些人在處理工作時沒有問題，但一遇到生活上的事就很難做決定。其中一個原因是他們比較容易把工作和生活分開。這樣的人可能從小他生活上的界線就被侵犯了，但是在學習上的界線並沒有。所以，你會看到很多人在工作上很獨立，在生活上卻特別依賴父母或配偶。因為從小到大，學習只能靠自己，父母沒法幫我們，所以相對而言，我們更有能力在這方面有界線地做一些事情。但是在生活中，我們往往被侵犯得比較多，所以也就沒有建立起界線的意識，於是在生活中我們就更難獨立做決定。

在生活中過度依賴他人，會導致關係變成什麼樣呢？有一個女孩子小麗，她做任何決定都需要別人的認可才能確定自己的選擇是正確的。當年考大學選擇專業時，她其實很想學醫將來當醫生，但因為她最愛的父親說了一句：「女孩子是不是做些文靜的工作，能夠顧家更好？」於是她便放棄了學醫，做了一名護士。現在她每次看到那些女醫生，她的心裡就對父親充滿了埋怨，也因此和原本關係親密的父親逐漸生疏。

過度討好，咬牙滿足別人的期望

缺乏界線會導致我們無法建立自我認知，因而沒有安全感。我們會害怕別人對我們失望，因為我們常常讓他人來定義我們是誰、判斷我們是否有價值。這就是為什麼缺乏界線的人不能也不敢對別人說「不」，不管多麼辛苦，他都會咬著牙來滿足別人。

因此，在心理諮詢的過程中，我常聽到有人這樣說：「他會對我失望的」或者「我如果這樣做了，他會很傷心」。提到要在工作當中立界線，很多人的第一反應是，我的同事、我的老闆都會對我失望。如果我不允許他們對我這樣做，他們會對我不滿。

在親密關係中，缺乏邊界感的人可能會想：如果我對他說我不喜歡他這樣，他還會愛我嗎？還會接納我嗎？如果我因此被拋棄怎麼辦？

請記住，正是因為你缺少界線意識，你才會產生這種感覺、提出這種問題。有邊界感、會立界線的人一般不會提出這樣的問題，因為他們心裡很清楚：如果我因為立界線而被拒絕或者被拋棄，那麼就說明我立的界線是對的。一個會因為我強調了我的界線就拋棄我或者是拒絕我的人，本身就不值得留戀。他對我的生活不會有良性的影響，而是會造成負面影響。

害怕讓他人失望的心態會對我們自己造成非常大的傷害，而且對關係本身也並沒有益處。如果問持這種心態的人：「你為什麼害怕別人失望？」他們多半會回答：「你要我仔細說，我也說不出來為什麼。」然而，就是那個說不出來的東西毀壞了我們的生活，它成了隱形的殺手和強盜，奪走了我們生活中原本可以享受的人與人之間的健康關係。

有一個男孩軍軍，他的成績非常好，高二的時候就收到多家常春藤盟校的邀請信，請他報考。這個孩子這麼優秀，我們都認為他在收到邀請信的時候一定會很高興。然而，事實是他每晚都焦慮得不得了。為什麼？他跟我說，他怕他真的報考這些學校之後會落榜。現在所有人都對他期望很高，他怕萬一沒考上，他們會很失望。所以，他把那些信都藏起來，不敢讓他的爸爸媽媽看。

我問他：「你有沒有想過，你能夠收到這些學校的邀請信，已經非常優秀了？」他的回答是：「那不算什麼。」

他的成績很好，可是周圍的同學都不太喜歡他。為什麼？因為他總是唯唯諾諾的，大家都覺得他很沒有個性。他什麼都不敢去嘗試，除非他知道他一定會贏，他才會去做，反之則不會。他這麼做的原因是希望大家喜歡他、永遠不對他失望，結果卻和他想要的正相反。他和父母的關係顯然也缺乏親密、坦誠，因此他很難從父母那裡得到他原本需要的支持。

王偉是一名企業主管。在我們的團體輔導課上，他說過一件事：有一次，他的一個員工認為自己的工作一直沒做好，覺得很煩躁。當王偉聽到以後，他的第一反應是：都是我的問題，是我沒有做好，沒有領導能力，別人會因為這個員工的情緒而認定我是一個很糟糕的主管。

這也是沒有界線的表現。王偉不明白，他人的情緒應當由他人負責，跟他沒有關係。他會把很多事情往自己身上攬，認為別人的情緒總與他有關。員工如果有失望的情緒，他就會認為是自己導致的，產生莫名的罪惡感。

過度討好別人的人本來是想讓所有人都高興，想讓別人看到自己的美好而喜歡自己，但結果往往是讓自己變成一個不被尊重、沒有立場的老好人，做事瞻前顧後，畏畏縮縮，原本的優秀也被埋沒了。

過度分享隱私，反而交不到「真朋友」

李君是一個對朋友極其慷慨大方的人，我開玩笑地說他是一個「借錢自由」的人。因為他的朋友幾乎都跟他借過錢。他一旦跟一個人成為朋友，就會全身心、無條件地信任對方，哪怕他們剛剛認識。並且，他還會告訴對方很多自己的事情，包括自己的經濟狀況。然後，別人就會找他借錢。

他找我諮詢的時候，我請他算一算，在他所有的朋友中，沒找他借過錢的有幾個。他說不超過五個。錢是非常私人的物品，他都會這樣輕易地借出去，哪怕他心裡不想借最終也會借，少則三、五萬元，多則五十萬、一百萬元。而這些借錢的人，並不會因此特別重視他，甚至認為他是一個「人傻錢多的呆子」，他的朋友邀請他一起吃飯很大一部分原因就是，知道他一定會搶著買單。

越是缺乏界線的人，越容易把很多隱私告訴別人，因為他不知道怎麼保護自己，不知道有些話其實不應該在朋友面前說，那樣做是越界的。或者他會忍不住地分享，而且也期待對方同等程度地敞開分享自己的隱私。更嚴重的是，他可能根本不認識某個人，卻非常信任這個某人。

過度分享隱私，會對我們的生活造成很多麻煩。我有學員因為過度分享隱私，讓並不安全的人瞭解了他內心的軟弱，後來被這個人情緒操控、ＰＵＡ[1]，變得極度自卑；還有人因為過度分享隱私，被別有用心的人在外大肆宣揚他的隱私，對他的名譽造成極壞的影響；更有學員因為過度分享隱私，和認識不深的人結婚懷孕，在婚姻中終日以淚洗面。

失去尊重，甚至成為受害者

很多時候我們認為，如果我有界線，我會被傷害。比如孩子被老師罵哭了，父母想找老師講理，但同時又會擔心，如果我找了老師，老師可能會對我的孩子不好。

但其實你可以觀察一下，想一想：身邊那些有界線的人，大家是怎樣對他的？是可以隨便對他、傷害他呢，還是尊重他？

如果你是一個不會立界線的人，你很可能不會得到別人的尊重。

所以，對每一個來問我是不是不該去找老師的家長，我都會說：「你根本就不應該害怕，因為你要求老師合理地對待你的孩子，這並不是在要求老師做一件很可笑、很過分的事情，僅僅是要求他做他該做的事情。如果他連這個都拒絕，那麼你就應該告知對方後果，來強調自己的界線。」

同樣的道理，如果一個女人在婚姻裡沒有界線，丈夫就很難尊重她。特別是，如果她是一個全職家庭主婦，而丈夫一個人在外工作。

請注意，妻子得不到丈夫的尊重，並不是因為妻子選擇做家庭主婦。妻子得不到尊重，一

---

1 Pickup artist 的縮寫，直譯為「搭訕藝術家」。原指男性運用心理學的方法來吸引女性，目前則泛指使用貶低他人、情緒勒索、道德綁架、精神壓榨等方式控制他人的手法。

方面，當然是丈夫的問題，無論妻子有沒有在外面工作，他都應該尊重妻子；另一方面，也是因為妻子不敢明確地立界線，如果妻子自己都不知道她應該被尊重，別人就往往不會尊重她。

所以，缺乏邊界感的人，別人會公然或者是悄悄地欺負他們。因為他們就算知道自己被欺負了，也不敢說什麼。我們會說這些人是「老好人」。注意，所謂「性格特別好」的人，很有可能是沒有邊界感的人，在工作、家庭或者朋友當中他經常被忽略。比如說，一群人要聚會，大家問了所有人想吃什麼，但就是不問他。

有時候，這類人也會覺得自己好像比較倒楣，為什麼總是我遇到這種情況？他可能會發現，自己特別容易吸引那種操控型的人、強勢的人。所以，我們就會聽到有人說，不知道為什麼，這個女孩總是會找渣男、已婚男或者有家暴傾向的男人談戀愛。

以家暴為例，很少有人在一開始談戀愛的時候就遭遇暴力，大部分的家暴都是施暴者一步一步地侵犯對方界線，最後才到了施暴的地步。比如，第一次施暴者可能只是扔了個東西在被施暴者的身邊，這時本就該立界線，但是沒有。於是第二次，施暴者更加膽大，在被施暴者身邊的牆上打了一拳，這時界線還是沒有出現。於是第三次，施暴者的拳頭就打在受害者身上了。

這裡要特別說明的是，家暴的問題絕對不只是受害者沒有界線造成的，無論一個人有沒有界線，她都不應該受到身體、語言或精神層面的暴力與傷害。我要說的是，當一個人有界線意識時，家暴的情況比較不容易發生，因為家暴會被界線扼殺在搖籃裡。

想太多，容易焦慮、恐懼

有些時候，我們覺得是關係讓我們焦慮，有的人甚至因此對關係產生恐懼。

比如，李剛是一個對界線非常嚴格的人，任何人都不可以觸碰他的界線。其實這也是一種錯誤的界線觀，因為他對界線本身非常焦慮。這個焦慮讓他在關係中變得極度強硬，油鹽不進，讓人不敢接近他。同事們出去喝酒吃飯，一般都不會叫他，因為大家對他有畏懼感。他其實很想和大家建立關係，可是又不知道應該怎麼做，在他眼裡，有界線就不能和人親近，和人親近就無法建立界線。

又例如，還有一些人，他們會為一些很小的事情產生罪惡感。比如說，大家吃完飯，桌上只剩下最後一塊蛋糕，他把這塊蛋糕吃了之後就覺得這樣不好，因而產生罪惡感。或者是在百貨公司裡，他看到一張三人座椅，想要坐下，但那張椅子上已經有一個或兩個人坐著，這時候如果他說「請問能不能挪一下位置，我想坐在這」，說完之後他就會產生非常深的罪惡感，覺得自己對不起坐在椅子上的人，然後就開始焦慮。

這些也是界線缺失帶來的，因為這樣的人不知道什麼是自己的責任，什麼是別人的責任，不知道應不應該提要求，什麼樣的要求能提，提這樣的要求是不是越界了。因此他們總是會想，我是不是越過別人的界線了，我是不是給別人添麻煩了。

就好比那個想坐椅子的人，他會想：我請他挪開，會不會很麻煩他？但是他不會想到，他們兩個人坐了三個人的座位，本來就應該讓一讓。

常常這樣想太多的人，當然會很焦慮。焦慮又會帶來另外一個後果，就是非常容易疲倦。

上班一天回到家，我們常常會覺得很累。這時候，我們一般會認為是生活太忙、工作太多了。是的，這些事情會導致我們疲憊，特別是如果有家、有孩子的話，責任多、事務繁雜，真的也是很讓人疲倦的。

但是，因為界線缺乏而導致的疲倦和這種生理上的疲倦是不一樣的。太忙、太累導致的疲倦是身體層面的，但如果你感到心裡很疲倦，很有可能是界線出了問題。為什麼？因為你總在做別人希望你做的事情，總在不停地滿足別人的願望和要求，腦子在一刻不停地琢磨怎麼做才能讓別人認可自己的價值，或者總在擔心是不是麻煩了別人、得罪了別人。

過度付出，其實只感動了自己

過度付出常常存在於親子關係當中。很多父母覺得自己為孩子犧牲了所有，把自己感動得一塌糊塗，但其實這種做法也是越界的。

如果你總在做你覺得應該做的事情，或是別人希望你做的事情，卻忽略自己的一些基本需要，那你很可能從來沒有想過自己要什麼，自己的夢想是什麼。久而久之，會導致輕微的抑鬱和焦慮，讓你覺得提不起勁。

抑鬱最明顯的表現是，你會覺得做什麼事情都少了一點動力。有的人興致勃勃地去旅遊，然而到了目的地，他又會覺得好像也挺無聊的。他不知道為什麼本來很高興的事，到了目的地之後會感覺索然無味。

一般人疲倦、勞累的時候會去睡覺，然而抑鬱狀態下的人，一覺睡醒還是會覺得很累，休息好像無法緩解那種疲憊感。或者，有的人會選擇度假來放鬆，可抑鬱狀態下的人，就算度假回來也還是感覺很累。

長此以往，我們的情緒、精神和身體都會呈現出一種疲憊的狀態。

王利是兩個孩子的媽媽，她告訴我自己最大的問題是，她無法控制自己的情緒，常常突然大發雷霆，嚇得孩子發抖，老公則是乾脆不理她，發完脾氣後她又後悔得不得了，趕緊做些什麼給家人賠罪。有一次她給我看她的行程表，我一看，密密麻麻安排的全是孩子的課外補習班，家裡的瑣事，以及父母、公婆的需要等事項。她甚至把「學習育兒」排到行程表上。我問她：「那你什麼時候把時間留給自己呢？」她愣了愣，想了半天，說：「我這麼忙，自己哪兒有時間啊！」

其實她不是沒有時間，而是沒有為自己留出時間。這就是典型的過度付出。

過度付出的人往往陷入一個惡性循環：付出↓感到委屈↓爆發情緒↓感到內疚↓付出更多。東方媽媽非常容易陷入這樣的惡性循環中而不自知。這也是為什麼很多媽媽明明累得死去活來，自我感動得一塌糊塗，但是和孩子、配偶的關係卻是劍拔弩張。很多媽媽委屈地告訴我：「我為這個家犧牲了一切，付出了所有，最後的結果卻是老公不珍惜、孩子不尊重，我的生活就是一個笑話。」

一次次隱忍，換來的是不斷背叛

依欣是一個很有意思的人，她來找我做輔導，希望我可以教她如何改變她那個常年在外面拈花惹草的丈夫。「我用盡一切辦法，但是他就是不能安分守己，我不知道為什麼，所以我想請你教我。」她說完煩躁地理了理頭髮，繼續對我講述她的故事。

依欣和先生在大學相識相愛，畢業後很快結了婚。她在大學當老師，先生考上了公務員，兩人生活穩定，相愛相惜。結婚第二年她就懷孕生下了女兒。從女兒出生開始，她就辭掉了剛剛開始起步的工作，全職在家照顧孩子，兩年後又生下兒子。老公辭掉了公務員改為經商，事業做得風生水起，一家四口小日子過得富足而幸福。

依欣的美好世界被擊碎，源於一個想法。當時兩個孩子都開始上學了，依欣想要重拾自己的事業，找份工作來做。她記得老公有個朋友是她專業領域的成功人士，就找老公要那個朋友的電話號碼，想找些資源。老公當時正在和朋友下棋，就順手把手機遞給了依欣，讓她自己找。也是在那天，她在老公的手機裡發現他和三個女性一直保持著曖昧關係，與其中一個已經有了實質性的出軌行為。事情發生後，老公向依欣發誓保證，只是和她們逢場作戲，其實自己內心深愛著的只有她和孩子們。依欣看著淚流滿面的丈夫，環顧著這個他們辛苦建立的家，看著熟睡的孩子，她壓抑住內心的憤怒和悲傷，選擇繼續與丈夫過日子。

在接下來的一段時間裡，她心存懷疑小心翼翼地留意著一切蛛絲馬跡，想要證明丈夫真的能改變；她開始去健身房健身，希望身材可以更好些；她開始買衣服、做醫美，想讓自己變得更漂亮；也閱讀很多心理學方面的書籍，希望自己可以更溫柔，為老公提供更多情緒價值。就這樣過了快一年，依欣告訴自己，已經過去這麼久了，應該信任丈夫，他已經改變了……日子好像又回到了之前的平靜。

直到第二次、第三次、第四次，她從不同管道瞭解到丈夫和女性同事、助理、生意夥伴之間的各種牽扯不斷。依欣一次又一次地試著原諒丈夫、信任丈夫並改變自己，但這好像變成了一個迴圈，每一次發現丈夫出軌，這個迴圈就轉一次，而依欣在一次次的失望中，從最開始的歇斯底裡，到慢慢麻木。她開始在婚姻中「躺平」，對婚姻不再有期待，只要兩人分工明確經營好這個家，把兩個孩子養大，讓外人看起來光鮮亮麗就行了，至於丈夫和外面的女人，依欣不願再想，因為她的內心早已千瘡百孔、疲憊不堪了。只是在某個安靜的夜裡，她偶爾無意間會想起，自己曾經有過美好的婚姻，也曾為了婚姻而鬥志昂揚，對婚姻滿懷信心。每次想到這些，她總會困惑不已，為什麼自己一次又一次地隱忍、原諒和包容，不但不被丈夫珍惜，反而換來丈夫持續不斷的背叛？為什麼自己已經做了這麼多，卻還是得不到想要的幸福？

這個「依欣」是不是很熟悉？你有沒有聽過，甚至親身經歷過這樣的情況？

從這個案例中，我們可以看到缺乏界線產生了兩種後果，一種是顯性後果，另一種是隱性後果。

顯性後果是直接可見的：

▲因為不會為自己的婚姻設立健康的界線，導致丈夫明明在婚姻中犯了錯，她卻成為受害者，飽受痛苦；

▲因為不會和丈夫立界線，導致丈夫敢一次又一次地背叛婚姻；

▲因為分不清界線，導致把丈夫出軌的錯都攬到自己身上，認為自己做得不夠好。

而隱性後果是更複雜、更隱秘的：

▲依欣開始變得極度焦慮，每次想到丈夫就手腳冰冷、頭腦發暈，而且因為失眠，她的記憶也變得糟糕，情緒更是起伏不定；

▲因為對婚姻感到失望，依欣把所有關注都放到兩個孩子身上，讓孩子們緊張焦慮，和她的關係也劍拔弩張；

▲因為不會立界線，她向丈夫傳遞了這樣一個訊息：我可以不尊重妻子的感受、可以越界、可以不為她負責，而她需要繼續忍讓；

▲因為內心充滿了怨恨和羞恥，她開始對身邊的人和事感到憤怒；

▲因為對婚姻感到失望，依欣開始存私房錢，以防萬一……

其實，在這個案例中，隱性後果還有很多，這裡就不一一敘述了，相信你已經明白隱性後果的意思。

比起顯性結果，隱性結果更可怕。它會影響你生活的每一分、每一秒，在一些非常細微的地方，在一個眼神、一個欲言又止的動作中影響你。它像慢性毒藥，平時好像感覺不到，但日復一日、年復一年地積累下來，卻是致命的。到最後，你自己都不知道出了什麼問題。

我曾經輔導過一個不婚主義者，通過追溯她的過往，我發現她生活在一個非常缺乏界線的家庭。她爸爸很瞧不起她的媽媽，時常施以語言暴力。比如，她媽媽是個全職主婦，有一次她的爸爸下班回家，吃了一口媽媽做的飯，發現是冷的，就大發脾氣，把盤子扔向媽媽。

她的媽媽稍微收拾一下後，就趕緊重新去幫她爸爸做飯，甚至自己都不敢去洗澡，也不敢換衣服。可以看出，這種夫妻關係是非常缺乏界線的。他們自己可能沒有意識到，但孩子看在眼裡，記在心裡，長大後就堅決不結婚，也對任何異性都不感興趣。

當然，我們的一些選擇、思想和態度是很多因素共同作用的結果，但原生家庭毫無邊界感，確實會影響我們成年後如何看待和處理各種關係。

需要說明的是，我並不是說導致人生種種問題的唯一原因就是缺乏邊界感。好像我們只要把界線建立起來，生活中的一切問題就都迎刃而解了。但是，一般來說，如果一個人能夠把界線建立起來，就說明他的心理基礎已經建立起來了。當他有健康的自我意識和健康的界線時，他的人際關係也會慢慢產生變化。

「每個人都不是一座孤島」，當關係能夠滋養一個人而不是消耗一個人的時候，我相信他生活的方方面面都會得到改善。因此，我們應當下決心立一個目標——要成為有邊界感、會立界線的人。

人際邊界自我評估

在本章結束的時候，我想邀請你做個自我評估。

請你拿出紙筆，寫下以下這些類型的關係，哪一些是因為你缺乏界線正在經歷或者曾經經歷的。

1 把與父母、配偶、孩子、朋友、同事或主管等的關係一一列出；

2 逐個審視各別關係，將這段關係中有界線問題的情境或感受寫出來。

也許在一些關係中你經常覺得很疲倦，或者是會受到攻擊，而在另外一些關係中不會。有可能你會寫出很多項，也有可能以上所有問題在你的所有關係中都存在，這都是正常的。

不要覺得問題很嚴重就恐慌。當我們開始對這些問題變得敏感的時候，我們就離有界線的健康生活靠近了一步。在接下來的幾章中，我會幫助你慢慢消除顧慮，學習建立新的關係模式。

有邊界的愛
才有安全感

CHAPTER 02

如果把愛比喻成能讓我們心靈休憩的房子，那麼界線就是房子的大門，任何住在房子裡的人，只有知道這扇門是好的，隨時可以關起來，才會感到安全。在夫妻關係中如此，在親子關係中如此，在和父母的關係中如此，在和朋友的關係中也是如此。在任何一段關係中，一旦界線被侵犯，我們大腦裡的杏仁核便會立刻拉響警報，讓我們感覺不舒服，或者心裡「堵得慌」。當界線長時間被侵犯，我們在潛意識中便會對這種關係反感，甚至想要擺脫這種關係。

沒有界線的關係，就像沒有大門的房子

想象一下，房子如果沒有大門會怎樣？這是非常危險的事情。從心理上說也是如此，沒有界線意味著別人可以隨意干涉你的私人空間、打亂你的個人選擇。比如，你的父母可以干涉你的婚姻，可以任意指責你教養孩子的方式；你的朋友可以不顧你的安排叫你陪她去逛街，改變你原有的計劃；你的男朋友可以告訴你，你身材不夠好，穿衣服很難看……你是否相信，他們之所以會這樣對你，很可能是你自己造成的呢？你可能會說，你從來沒有要他們

這樣對你。然而，如果你的房子是沒有大門的，這就是在告訴他們：可以隨意進出，我沒有任何的方法防禦你。所以，請大家記住這個場景，之後的章節中我也會多次提到這扇「門」。

再想象另外一個場景：你們家來了一個客人，可能是你的閨密或者父母，她（他們）一進門就說你的沙發擺在這裡不好看，要換一個位置，或者說你們家這個畫不好，要把它換掉。想想看，如果今天有這樣一個客人到你們家來，你會不會高興？你會不會害怕？

我就聽說過這樣的案例，心心的丈夫的姐姐跑到他們家來，把他們家的沙發扔掉了，還重新買了一個沙發，把他們家弄得面目全非。如果你發現自己好像特別容易招惹這樣的人，身邊很多朋友好像都會這樣對你，卻不敢這麼對別人，那你就要特別反思一下自己的界線問題。

前面我提到的曉蘭，她婆婆每次來她家，都會趁她去上班的時候把她衣櫥裡所有的衣服翻出來，重新擺放一遍。很多人說這無關緊要，但這其實是非常侵犯界線的一件事。如果有人來你家裡自作主張地這樣做，你覺得舒服嗎？又比如，有的婆婆到兒子媳婦家就會霸佔整個廚房，然後把廚房的各種用品全部重新擺放。你想，這樣的婆媳關係會好嗎？如果你的婆婆是這樣的，你覺得沒問題，那你要非常警覺和小心，因為這意味著你的界線感非常弱，你的婚姻關係很容易出問題。

我們再來想象一個場景：假設你被邀請去參觀太空船，這是件很不得了的事。你走進去以後，看見一個從來沒有見過的東西。這時你被告知：飛船中有很多按鈕，有些看得見有些看不見，而且飛船地板上都有，所以走路的時候要小心，不能碰任何的按鈕，否則可能會有生命危險。請問，在這種情況下你該怎麼做？你一定會站在原地，動都不敢動，對不對？這個場景就好像我們的生活中沒有界線，這時候我們不知道什麼是安全的，什麼是不安全的。當我們處於一段沒有界線的關係中時也是一樣。所以，我們跟孩子、父母、配偶，甚至跟我們自己都要設立界線，否則人生將變得很混亂，什麼時候踩到地雷都不知道。而界線給了我們一個非常明確的指示：這個按鈕你不可以按，那個按鈕可以按。這就是為什麼今天高壓電纜附近都會有醒目的標識，它告訴你這裡不可以碰。同樣的道理，我們也需要明確的界線。這些界線不但讓我們清楚要怎麼做，而且還會告訴我們，如果不照著做，後果是什麼。

界線在哪裡，安全感就在哪裡

房子有了牢固的大門，就會讓我們獲得更多的安全感，界線亦是如此。

首先，界線可以給人安全感，因為它讓人知道安全的範圍在哪裡。跟一個人交往時，如果我不太瞭解這個人的脾氣，我就不知道什麼話可以講、什麼話不能講。在交往過程中，我心裡會緊張，因為我不太確定我是安全的，並且不太確定我和他的關係能維繫多久。比如，你和你的好朋友在一起，你知道該怎麼對他，一定是因為你知道他的界線在哪裡，你們相處起來就會有安全感。

這就好比一條海邊公路，靠海的一邊設有圍欄。其實，從圍欄到海還有一段距離，中間是很多的石頭、雜草之類。為什麼在離海這麼遠的地方要設圍欄呢？當你撞上圍欄後，你會覺得：我離海還很遠，為什麼要設這個東西？可是，如果沒有這個圍欄，你會在不自知中衝出去，也許會直接衝進海裡。而圍欄能及時地把你擋住，即便撞上去也比衝進海裡安全。

關係中的界線也是一樣的。我們覺得好朋友之間不需要界線，但到最後我們的「友誼之車」就容易衝進海裡。我們會因為沒有界線感而一直忍耐某個朋友，即便心裡很不高興也不敢說「不」，反過來還會給對方找理由，認為他今天可能心情不好，所以才會對我那麼衝……但是忍到一定程度，終將忍無可忍，就會決定斷絕這種關係，老死不相往來。這就像車最後衝進海裡一樣，救都沒得救。我們身邊是不是有這樣的事？本來兩個很好的朋友後來鬧翻了，或者是，公司合伙人最開始都是好兄弟，後來一拍兩散。這些很多都是因為最開始沒有立好界線。所以我們經常聽到有人講絕對不要跟朋友一起做生意，因為之後可能連朋友都做不成。

但如果我們一開始就立好界線，正如海邊的圍欄，別人就會知道：哦，到這個地方就可以了，我不要碰它。而且，現在有些地方，在你快要撞圍欄的時候導航就會提醒你。為什麼這樣一層一層地預警？所有這些都是界線，表明你正在被提醒。我們在接下來的篇章中會講到，立界線是一層一層地提醒對方：你不可以那樣做，你要小心，已經很危險了。一段關係只有有了界線的保護，才是安全的，可以長久維持的。

其次，界線可以建立人的自我認知。

前兩年有個非常有名的新聞：北大法律系的一個女生，被男朋友ＰＵＡ，自我認知不斷地被控制、貶低，最終因極度痛苦而自殺。當自我認知沒有建立起來的時候，我們就只能靠他人的評價來判斷自己的好壞（這也叫作他我認知）。上述案例中的女生正是被渣男操控了思想，定義了她的好壞，在一次又一次的ＰＵＡ之後，她終於無法忍受，結束自己本該燦爛的一生。個人認知和界線是一對彼此促進的概念，個人認知讓一個人更有界線意識，而一個更有界線意識的人，他的個人認知也會更加明確，這是一個良性的循環。

很多年以前，我也認識一個會ＰＵＡ的男性，他是某外語補習班的英語老師，英語說得非常好，人也長得不錯，從英國留學回來，風度翩翩。那時他追求我，我就試探性地和他接觸了一段時間。過後，我發現這個人不對勁。為什麼？比如，他會跟我說：「你的臉上長了兩顆痘痘，下次約會的時候能不能用點心，好好地化一下妝，把你自己的臉弄乾淨？」那時我就告訴他：「我不喜歡你這樣嫌棄地跟我講話，好像我很醜一樣。」當然，他是很不喜歡我這樣立界線的，因為界線能攻克一切ＰＵＡ的陷阱。他一次又一次地試著衝破我的界線。知道這樣說我會不高興後，他就從其他的方面攻擊我。比如說，他會問：「你幾天沒洗頭了」碰到這種情況，我不會回答他，我只會再次重複：「你這樣跟我講話，讓我覺得很不舒服。」有一次，我就自己走了。最後他也不再約我。

為什麼我不喜歡別人這樣說我呢？因為我的自我認知是，我不是一個很糟糕的人。所以，你為什麼要嫌棄我？當我拒絕別人試圖用ＰＵＡ的話術操控我的時候，我對自己的認知更積極了，這就是界線帶給我的。而我的自我認知反過來又幫助我設立一個非常好的界線，所以我會阻止別人對我有任何的暴力行為。我現在回想起來，覺得這個人挖苦人的能力很強，他會用各種方法來貶損別人的自我價值。遇到這樣的人時，界線會幫助我們，也會保護我們。

再者，界線可以讓人感覺愉悅和快樂。

每個人都只有在安全的環境中才能感受到美好。從來沒有一個人可以在很危險的地方感受到美好。你可能會舉出反例，比如高空彈跳，你可能覺得很好玩，但這其實是因為你知道一切設施裝備是安全的，你不會有危險。假如一個人身處未知的恐懼當中，他是沒有辦法感覺愉悅的。只有在溫暖安全的環境中，人才會放鬆和享受。

前面我把界線比作房子的大門。如果你的家沒有大門，你敢在裡面只穿睡衣嗎？敢泡在浴缸裡喝杯小酒嗎？肯定不敢。甚至你會連衣服都不敢脫，覺也不敢睡。如果你跟一個人出去約會，你很喜歡他，但是他對你非常沒有界線，你不知道下一秒他會說什麼、做什麼來傷害你，那麼你無論怎麼喜歡這個人，你也沒有辦法感覺愉悅。這裡說的愉悅是真正的快樂，而不是那種病態的快樂。有的人在戀愛中會覺得只要跟這個人在一起，幫他舔皮鞋都可以，這是病態的快樂。真正健康的關係、健康的愉悅感不會這樣。

無論是與別人相處，還是獨處，如果我們知道自己能夠立界線，而且能夠守住界線，也知道自己的界線能夠被別人尊重，我們就可以很放鬆，並且感到身心愉悅。

最後，界線可以帶給我們力量。

如果你總是吸引「渣男」，或者總是招來沒有界線感的朋友，那很大程度是因為你在無意中允許他人這樣來對待你。你可能會很痛苦地問：為什麼每一個男朋友都要用我的錢？為什麼他們都會來找我借錢？為什麼他們最後都會諷刺我，都會肆無忌憚地對我進行人身攻擊？最終，你會發現，因為這一切都是因為無界線所致。

一個有界線感的人，他會在最開始跟他人交往的時候，就告知對方：哪些事情可以對我做，哪些事情不可以對我做。而一個沒有界線感的人，可能會討好別人，因為沒有界線會令人感到失控，而討好是一種控制的手段——當我討好你的時候，我是在控制你對我的印象，當我能控制你，讓你喜歡我，我就獲得了安全感。這種想要獲取控制感的欲望也會導致完美主義——為了控制別人對我的印象，我要成為更優秀的人。很多人儘管已經很優秀了，卻還要追求更優秀，沒完沒了。最後他會發現不管多優秀都覺得自己不夠優秀，所以非常無力。這也是為什麼沒有界線感的人一般都非常焦慮。

我有一個團體輔導課是針對焦慮人群的，每期都會滿員，有的時候一個月要開幾期，因為真的有好多人焦慮。我慢慢發現，雖然每個人焦慮的事情、焦慮的原因，以及他們自身的背景都不太一樣，但是他們仍然有很多共性，其中一個就是他們都缺乏信心和力量。其中，有的人很凶悍，好像是披著盔甲來上課的，給人一種刀槍不入的感覺。他認為他的界線就是：我說不行就不行，沒有任何商量的餘地。因此，他覺得自己是一個非常有界線的人，但其實那不是我們所說的健康的界線，後文我會仔細說明健康的界線是什麼樣的。

其實，那些參加團體輔導班的人都非常優秀，都是自己領域的精英，非常成功。大家可能會疑惑，那他們為什麼還焦慮呢？

這是因為，當我們沒有界線的時候，我們便沒有力量。在這樣的情況下，一個人越優秀，他就越覺得無能為力，也就越想要控制——控制別人是不是喜歡他，控制所有人對他的評價。可是，我們越界去控制別人的時候是很可怕的，因為我們根本無法掌控別人。一個人今天喜歡你，明天就不喜歡你了。今天這人覺得你是最好的，明天看到一個更好的，就覺得你不是最好的。這都會令人感到非常無力。

如果一個人能夠有意識地引導別人按照他想要的方式來對待他自己，並拒絕別人用他不喜歡的方式來和自己交往，主動權就掌握在他自己的手中了，他對這段關係也就更加有把握、更加自信。

健康的界線

界線分為三種：硬界線，軟界線，以及我主要想說明的健康的界線。

什麼是硬界線？簡單來說，採用這種界線模式的人會避免和人有太過親密的關係。你會發現他們平時就不怎麼去參加同事的飯局，而是自己做自己的事情。他們有可能在自己的本職工作上十分出色，但不會跟你有太多交往。他們做事的風格通常會一板一眼，電視劇裡經常出現的霸道總裁就是這種類型——不和任何人親近，總擺出一副「生人勿近」的樣子，但是業務能力非常強。

對這類人，我們會認為他們的界線感好像很強。任何試圖侵犯其界線的人、事、物，他們都能夠擋回去。他們不太願意尋求幫助，甚至避免建立親密關係。所以，這種「人設」放在電視劇裡就有很多發揮空間，劇中往往都有一個溫柔、美麗、可愛、單純的女主人公，霸道總裁不要她的幫助，可她非要去幫助他。如果你常看韓劇，你可能會發現韓劇中的這類角色總會有一個跟班式的密友，不過這種情況也只出現在劇中。現實生活當中，這類人一般不太吐露自己的真實情況，也很難有親密的朋友。他們的個人隱私保護意識非常強，會把自己密不透風地包起來、藏起來。

我曾經認識一個朋友，他是個天才，二十幾歲就讀完了博士，但是他很難和別人建立親密關係。我們認識他大概有十年之久，但都沒有人知道他是否戀愛、結婚了，對他的個人情況幾乎不瞭解。我們只知道他在哪裡工作、開什麼車，他把個人隱私保護得非常嚴密，與他在一起的時候，他總是聽我們說、自己卻不怎麼講話。

這類人在戀愛關係當中一般會與伴侶非常疏離，甚至在更親密的婚姻關係中，也會讓配偶產生一種「好像總隔了一層紗」的感覺。還有，這類人可能好勝心特別強，為了避免被拒絕，他們會選擇先下手為強，拒人於千里之外。

如果你身邊有這樣的人，他對別人的請求可以非常斬釘截鐵地拒絕，讓人感覺他好像很有邊界感似的，請注意，這其實不是健康界線的榜樣。因為擁有健康界線的人是能夠在考慮自己的需要的同時，也考慮他人的需要。當他願意幫助別人的時候，是可以協調也願意妥協的。採用硬界線模式的人，在關係中卻不可能這樣有「彈性」。

與硬界線相對的另外一種界線是軟界線。所謂軟界線，就是我們經常說的沒有界線。相比有軟界線的人，我們更容易認為有硬界線的人是有界線的。但事實上，軟界線和硬界線都是不健康的界線。

有軟界線的人容易過度分享個人隱私。這類情況常發生在國高中生當中。他們可能會和一個人見了兩面，就把對方當成自己最好的朋友，什麼都可以跟他說，錢也可以給他用，也可以買東西送他。

有軟界線的人時常會被過度地捲入別人的問題裡。比如，你的朋友 A 和 B 吵架了，不關你的事，但最後你也被卷了進去。A 對你不高興，B 也對你不高興，讓你兩面不是人。原本你不過是想要協調、幫助這兩個朋友，結果卻把自己搞得很尷尬。

又比如，你父母吵架時總是要你回去調解他們之間的事情。譚青就常常碰到這種情況，她父母只要一吵架就打電話給她，平時她很怕接到她父母電話。因為每當接到他們的電話，就意味著他們很有可能又吵架了，需要她回去主持公道。對此她很無奈，雖然知道不關她的事，可最後還是成了她的事。這就是軟界線的表現。

有軟界線的人非常依賴別人的意見和看法，因為他們自己心裡沒有定數，任何人只要說一句話，就會影響他們的選擇。

有軟界線的人會允許別人不尊重自己，甚至侮辱自己。有時候我看到一些案例會很疑惑：到底是什麼力量能讓一些人忍耐，並繼續留在這樣糟糕的關係中？我覺得沒有任何力量能讓我允許一個人這樣對我，愛情也不能。但這種情況往往會發生在有軟界線的人身上。

有硬界線的人絕對不允許別人對他有任何一絲的不尊重或侮辱，哪怕你開個玩笑也不行。有軟界線的人卻處於另一個極端，不僅容忍別人的不尊重和侮辱，甚至還會替別人的錯誤行為找藉口。

有一次我約一群朋友一起吃飯，其中一個朋友穿了一件不合身的衣服，另外兩個朋友就一直批評她的審美能力，並批評她捨不得花錢買適合自己的衣服。我聽久了都覺得心煩，人家又沒花她們的錢買衣服，哪裡輪得到她們一直這樣品頭論足？但是萬萬沒想到，這位朋友卻替那兩個人辯護，說她們其實是因為愛自己、真心把自己當好朋友、替自己操心，才會這樣批評她。所以，當她們終於停止批評她時，她又主動請她們喝奶茶來討好她們。

有軟界線的人害怕自己如果不順著他人，就會被拒絕，所以很多時候不敢說「不」。如果你發現你有「拒絕困難症」，很有可能你設立的界線就是軟界線。

硬界線和軟界線都不是我們提倡的健康的界線。

擁有健康界線的人，會尊重自己的感受，對事情有自己的態度和看法。同時，他也要求別人尊重自己的意見和看法，不會委曲求全。如果他想開口說話，而你不僅不讓他說，還說「走開，你懂什麼」時，他不會允許你這樣做。

東方社會上有些現象說明我們整體缺乏健康的界線意識。比如，當我們稱讚一個女人的時候，我們會稱讚她在家庭中的委曲求全，好像委曲求全是一種美好的品格。我不認為「委曲求全」是一個褒義詞。一般來說，有硬界線的人會咄咄逼人，有軟界線的人會委曲求全。而在一段有著健康界線的關係中，我們既不會委曲求全，也不會咄咄逼人。

擁有健康界線的人會很適當地分享個人隱私。請你看下頁這張圖片。

圖中這個房子，它有好幾道邊界：陌生人只能站在草坪外，稍微熟一些的鄰居可以進入草坪，朋友可以進到客廳，親人可以進入廚房，愛人、孩子和閨密可以進到臥室。

這個房子就像我們的生活，我們對不同關係的人，能夠開放的部分應當是不一樣的。但有軟界線的人會把那些應該站在草坪或院子門口的客人直接請到臥室，這就叫「過度分享個人隱私」。有硬界線的人的行為常常是明明可以請客人到客廳來坐坐，但他會站在草坪中跟客人打招呼，甚至隔著一條街跟客人說話。

擁有健康界線的人，他能夠判斷雙方的關係到了什麼地步，會根據親密程度隨時做出調整，比如我可以先邀請你到客廳，然後到廚房……隨著關係的增進，開放程度也會增加。

擁有健康界線的人知道自己需要什麼，並且能夠表達出來。比如，和朋友相聚的時候，大家都在說自己的，沒有人在聽我說什麼，這時，我能夠清晰地知道現在我需要大家聽我說話，那麼我就可以把它表達出來，讓大家聽我說。

有一次，我跟我先生回公公婆婆家，我們吃飯的時候聊到洗碗機的事，公婆就說我不應該買洗碗機，還帶有一點嘲諷的口氣。我先生跟著他們一起笑我。我當時就看著他說：「可是你在用洗碗機的時候，不是現在這樣的態度，你為什麼這樣取笑我呢？」我表達了我的看法，他也很識趣，沒有再接話。吃完飯後，我就把他拉到旁邊，告訴他，如果以後他再這樣跟他的家人一起嘲笑我，那麼我就不再跟他回家了。因為當他那樣做的時候，我感到非常不舒服。我讓他清楚地知道，他不可以跟著他父母一起來嘲笑我。我也會清楚地告訴他，如果他下次再這樣做，會有什麼後果。

這就是健康的界線。

很多人會擔心，這會不會讓雙方的關係變得緊張呢？其實，如果你們已經建立了健康的界線，這反而會讓關係中的兩個人都更自由——你們可以很自由地拒絕對方，同時，當對方拒絕你的時候，你也不會感到不自在。

就拿我們家來說，有的時候我說了什麼話讓我的先生覺得很不舒服，他會告訴我：「你以後不可以再這樣說，如果你再這樣說，我會立刻離開，因為我不想再跟你溝通了。」

我有一個習慣，在我和我先生快要吵起來的時候，我心裡知道不能再說了，但是嘴巴常停不下來。這時候我很喜歡翻白眼。我先生就會跟我說：「如果你再翻白眼，我立刻走人，我不喜歡你這樣。」我並不會因此覺得不舒服，我會覺得他這麼表達是對的，既然我的動作讓他感到不舒服，我就要做一個選擇：是要繼續翻白眼，讓他結束跟我的談話；還是停止翻白眼，好繼續和他溝通。

再比如我和朋友之間的關係，也是這樣輕鬆。我約朋友出去玩，朋友說她今天太累了，想在家裡休息。這時候她不會找一個藉口拒絕我，而是可以直接表達「我今天太累了，不想出門」。我聽了也不會生氣，我們還可以繼續做朋友。這樣的關係是不是很自在、很健康、很自然？

然而，我們中的大部分人從小就沒有經歷過這種關係模式，我們不知道有健康界線的關係是什麼樣的，也不知道這樣立界線是對還是錯，所以很多時候我們會誤以為立界線的人都是些「狠角色」。

有一個案例可以幫助你更清楚地瞭解，健康的界線會對關係產生什麼樣的影響。有一個人，他父親在他很小的時候因車禍去世，母親獨自撫養他長大。正因為這樣，這位母親的控制欲非常強，常常罵她的孩子。而這個孩子因為父親出車禍受了刺激，不願意好好學習，所以經常被母親打罵。

他一方面看到母親的辛苦，很心疼她，另一方面心裡又非常恨母親。因為母親經常說「你這個沒用的東西，以後去餐廳端盤子」之類的話，所以長大以後，他做的每一件事都是為了向他母親證明「我可以」，想要推翻母親對他的評價。與此同時，他又非常叛逆，因為他母親經常刺傷他，所以他也像一隻刺蝟一樣去刺傷他的母親。

這裡說一句題外話：如果你有孩子，在孩子還小、沒有反抗能力的時候，你一定不要動不動就打小孩。你覺得孩子會忘記，其實他不會。你現在怎麼對待他，長大以後他就會怎麼對待你。上述那個案例裡的孩子就是如此。他很叛逆，經常跟他母親激烈爭吵。後來，他有一個機會接觸到界線的概念，他發現自己需要跟母親立界線。

此後，當他做錯事時，他的母親會條件反射般地開口諷刺他，他就回應說：「你現在說的這些話對我一點幫助都沒有，所以我不想聽。如果你要繼續說，我就掛電話了。」當然，他的母親根本不信，她還繼續說，於是他就把電話掛掉。第二次打電話時又是這樣。幾次以後，當他再次表明他不要聽的時候，他母親會先把電話掛掉，因為她想在被拒絕之前先下手為強。漸漸地，他母親習慣了，就不再這樣做，而是學會了停下來，不再說刺痛兒子的話。

這個案例的主人公做了一件很重要的事情，就是設立健康的界線來保護他自己。當他做錯了什麼事或者遭遇失敗的時候，如果母親要諷刺他，他可以很好地保護自己，不受她的攻擊。

猜猜看，這對母子的關係是因此變得更疏遠了還是更親密了呢？

健康的界線，讓我們更安全

看完上面的案例，我們可以總結一下，擁有健康界線的關係會帶來哪些好處。

首先，在擁有健康界線的關係中，我們的身體是安全的。

比如，在婚姻關係中，我們知道自己是不會輕易被家暴的；在親子關係中，孩子知道自己的身體是不會被隨意侵犯的，這裡的侵犯包括父母動手打他，也包括性方面的侵犯。

其次，在擁有健康界線的關係中，我們在語言上也是安全的。

有很多父母經常不好好說話，孩子做什麼輕則瞧不起，重則辱罵。夫妻之間也不好好講話，總是彼此諷刺、譏笑。在有健康界線的關係中，雙方會知道自己在語言上是安全的，不會遇到語言暴力。比如我和我先生，不管多麼生氣、吵架吵得多厲害，我們都知道我們的身體和語言是安全的。我知道他不會用侮辱性的語言罵我，我也不會用侮辱性的語言罵他。我們可能會提高聲音，可能會在某個事情上爭論得很激烈，可能會覺得跟對方無法溝通，但是我絕對不會說：「你這個白痴，我沒有辦法跟你溝通！」這就是一種侮辱性的語言。我可以說：「我沒有辦法跟你溝通，我怎麼說你都聽不懂！」但是如果加了一句「你是豬嗎」，這樣就是言語暴力，會讓人感到不安全。

再者，在擁有健康界線的關係中，我們在精神上也是安全的。

這些年我觀察到，有些家庭雖然經濟上不愁吃穿，日子看似越過越好，但存在很嚴重的精神虐待。父母可能把孩子的身體照顧得很好，給他吃最好的，帶他上各種補習班，但會在精神上虐待孩子。我曾經認識一個非常有錢的人，她是個掌控欲極強的母親，但是她不覺得自己有問題，反而把自己所有的情緒問題投射到她孩子身上，凡事都必須盯著孩子，還經常指責因為孩子太不聽話才讓自己脾氣暴躁。這導致她的孩子年齡雖還不大，但已經整天在想方設法逃避她。按照我多年輔導青少年的經驗，這樣下去後果會很嚴重。

有一次我家老二在午睡的時候偷偷爬起來吃巧克力，結果把床單弄得到處都是巧克力汙瀆，我發現後勃然大怒。但我告訴他：「你需要為自己的行為負責，但不需要為媽媽的憤怒負責。」什麼意思？也就是說，他偷吃巧克力這件事情，是他需要負的責任，所以他需要去把床單換下來放進洗衣機裡，並重新換上新的床單。我的憤怒是因為當我看到髒亂的床單和偷吃巧克力的孩子時，我覺得他騙過了我，我的安全感和控制感被破壞了，而這些情緒，我不能要求他來負責，而是需要我自己來處理。

另外，在擁有健康界線的關係中，我們的隱私能夠得到尊重。

每年回老家過年的時候，你有沒有被問過這些問題：你住的房子多少錢？車多少錢？現在薪水多少？有沒有對象？什麼時候結婚？什麼時候生孩子？這些都是非常隱私、破壞界線的問題。特別是生孩子的問題，有些八竿子打不著的親戚都會問「生孩子了沒？怎麼還不生呢？」，其實這跟他們根本沒有關係。

在有健康界線的關係中，我們的隱私是能夠被尊重的，因為我們能夠理直氣壯地拒絕回答這些越界的問題。比如，如果被人問到什麼時候結婚，有健康界線的人會說：「這是我的私事，我不想討論。」如果對方繼續追問，他便可起身離開，結束這場對話。

再比如，有時候關係要好的朋友會拐彎抹角打聽你們家的家底，你每年賺多少錢，你不想說得很清楚，她就會說「咱們什麼交情，你怎麼連這個都不願意說，害怕我知道你賺多少錢嗎」，讓你很尷尬。我有一群老朋友，相互認識二十多年了，其中有一個人曾經有過一個女朋友，後來分手了，然後就再也沒有下文。有一次我們在一起吃飯，另一個朋友問他，你現在到底有沒有女朋友啊？他說：「還沒有啊，但是我現在不是很想談這個話題。」大家就立刻轉移了話題，並愉快地度過了剩下的相聚時光。這就是一種有界線的親密關係。

再者，在擁有健康界線的關係中，對方會聽你說話。

十年前發生過一件事情，至今我仍記憶猶新。我有一個朋友，她那時交了一個男朋友，兩人見了五六次，彼此有好感，處於快要確立關係但還沒確立的階段。有一次，這個男孩子打給她，正好她要收拾東西下班回家。她告訴對方，自己目前沒辦法繼續和他通電話，因為肚子有點不舒服，準備下班回家。但是對方還是繼續講話。於是我的朋友又跟他講了一會兒，然後說自己要掛電話，準備回家了，可是對方還是不放她走。就這樣來來回回幾次以後，我的朋友憤怒了。她告訴我，就從那次開始，她的心裡就有了積怨。但是她並沒有和對方溝通，他們倆也都不會立界線。後來，諸如此類的事情又發生了好幾次，最後他們倆沒能在一起。

在生活中，我們還會看到這樣的事：你們全家正在吃飯，婆婆打來電話，你丈夫就說「媽，不好意思，我準備吃飯了，現在不能和你講電話了」。但婆婆沒有停下來，還是繼續講，結果這通電話半個小時還沒結束。

你是否也碰到過這樣的情況？你說「請不要再說了」，可是對方會繼續說；你轉身走開，他還會緊隨其後，一直追著你說。這就說明你們的關係中，還沒有建立健康的界線。在有健康界線的關係中，當你說「對不起，我不想說這個事情」時，對方能聽進去，並且會回應「好的，不好意思」。

最後，在擁有健康界線的關係中，我們會感到自己被欣賞、有價值，我們的需要也能夠被滿足。

只有當你的界線被尊重時，你才知道這個人之所以喜歡你，並不是因為他可以佔你便宜，可以用ＰＵＡ的話術操控你，可以無限地從你這裡獲得利己的滿足，而是因為他尊重和欣賞你，他寧願接受你設立的界線所帶來的「不便」（無法隨心所欲、為所欲為），也要保持和你的關係，這說明他是真的珍惜你這個人。

舉個例子，在一段沒有界線的婚姻中，丈夫有可能在任何暴怒的時候毆打妻子，這位被家暴的妻子會在婚姻中感到被欣賞、感到滿足嗎？肯定不會。但在一段有界線的婚姻中，丈夫無論多麼憤怒，都清楚地知道自己無權傷害妻子，他可能氣得把自己的手都掐出血了，也不會把拳頭揮到妻子的身上，在這樣的婚姻中妻子對安全的需要基本能夠得到滿足。

同時，在有界線的關係中，對方絕對不會諷刺你，你也知道你不會被對方嫉妒，而是會得到真誠的讚美，並且對方也不要求你是完美的。當你說「不」的時候，對方能接受並且尊重你，而不是和你討價還價，後者是非常沒有界線的。你不會因此就面對一張冷臉，從此你們就各走各路，你也不會因為立界線而遭遇報復。

比如，如果我和我的老闆之間有健康的界線，我和老闆講了某些話，他不會因此在工作中陷害我。再比如，如果我們夫妻之間有健康的界線，我和我先生提了某個要求，他不會刁難我，讓我的日子難過。

如果你覺得立界線太難了，害怕因為立界線而在關係中受到傷害，請相信我，沒有界線的關係才是最恐怖、最令人受傷的。如果你不只是想要一段關係，還希望能夠安全地享受這段關係，那麼界線一定是這份安全感的保護傘。立界線的確不容易，然而一旦學會，你會發現原來生活可以如此自由，不被束縛，不被道德綁架，不被情緒勒索，你可以按照本心本性主導屬於自己的生活。想一想那樣的生活，難道不值得我們付出努力去獲得嗎？

這樣立界線
關係不受傷

CHAPTER

03

看完前兩章，你一定很期待建立有健康界線的關係吧！那麼，我們該如何建立健康的界線呢？在設立界線的時候，難免會遇到一些障礙，又該如何去清除呢？這一章我們就來聊一聊：如何立界線，關係不受傷。

兩個問題，快速理清界線

想要理清界線，你只需要問兩個問題：

第一，這件事是否關你的事？

第二，這件事是否關我的事？

如果這不關你的事，那麼就請你走開，這是我的事情——我要學什麼專業，要找什麼工作，我要不要換工作，不關你的事。除非我請教你，否則你不可以對我指手畫腳。

同理，如果一件事不關我的事，我也不會隨意干涉。

舉個例子，你看到鄰居家門沒關，房間裡凌亂不堪，孩子在玩，一看這家人就不太喜歡整理房間。這時候你會不會進去說「這個衣服放在這裡這麼久都沒摺，我來幫你收拾一下」？

不會的。為什麼？因為這不關你的事，因此，這就不是你界線範圍內的事。

你可以把你自己的家打理成你喜歡的樣子，至於別人家打理成什麼樣子，那不關你的事。同理，別人的孩子再怎麼無理取鬧，我們都不會跑去管教他，因為那不是我們的事，不在我們的責任範圍內。

除此之外，界線也是清楚地告訴別人和自己：什麼可以做，什麼不可以做。因此你要做一個有邊界感的人，就要認真思考：別人對你做什麼是可以的，做什麼是不可以的。

例如，你可以對我生氣，但是不可以動手打我，這就是你對別人立的界線。

同樣，你也要想清楚，我自己做什麼是可以的，做什麼是不可以的。

例如，我可以對我的孩子生氣，但是我不可以說侮辱他的話，也不可以打他，這是你對自己立的界線。

所以，在任何一種關係中，我們都要搞清楚自己要什麼，才知道自己要立什麼樣的界線。

你可能會問：那是不是我想怎麼立界線就怎麼立呢？

理論上來說是這樣，立界線的本質是你選擇接受什麼、不接受什麼，既然是你的選擇，當然是你自己說了算。但實際上，別忘了我們在做選擇的時候，也要承擔每個選擇的結果。

我這幾年一直在一些大學的管理學院講關於界線的課。課間休息的時候，有學員問我：「現在公司裡盛行陪酒文化，陪酒成了必須做的事情。如果我不陪，升職就輪不到我。這種情況下，我該怎麼立界線？」

我當時就告訴他：「這其實是你要做出的選擇。你想好了自己要什麼，界線自然就清晰了。如果你想多花時間陪伴家人，你想要一個健康的身體，那你就可以根據這個選擇去立界線：我不喝酒，也不陪酒，但工作上的事情我會做好。當然，你在升職、加薪方面可能比那些選擇陪酒的同事慢一點，但是你得到的是更和諧的家庭關係，你有更多的時間陪孩子，你的孩子從小不會缺少父親的陪伴。或者你選擇快速升到某個職位，那你也需要根據這個選擇來立界線。因為要快速升職，所以你要陪酒，要加班到很晚，但是你的職位和薪水一定要與你做的這些相匹配，也就是說，如果你做了這些，你的職位和薪水卻沒有按照預期得到提升，你就要慎重考慮了。這也是一種界線。」

在上界線課的時候，常常有同學覺得，在當下文化背景下要立界線是很難的。如果你有邊界感，你就可能得罪人，或者讓別人覺得你很奇怪，或者失去一些機會，等等。但其實難的並不是立界線，只是你需要做出選擇，並承擔這個選擇的結果。如果你認為做出某些選擇太難了，要付出很大的代價，而你只想讓自己的生活輕鬆一點，那麼你可能想要一個當下比較輕鬆的選項，你的界線就會因此而生。或者，你的選擇會讓你根本就沒有界線。但如果你選擇改變這種沒有界線的模式，不管多困難、付出多少代價都要改變，你立出來的界線又會不一樣。

所以，這其實是一個選擇的難題，而不是設立界線的難題。

建立邊界感的定海神針

依依上了我的課後，決定跟她的媽媽立界線。她告訴媽媽，以後上班時間不要一直不停地打電話給她，這樣很打擾她工作，而且也不要因為找不到她就去打擾她的先生。她的媽媽聽到這些話後感到非常受傷，哀哀戚戚地掛了電話。

第二天早上依依醒來，發現手機接到上百條簡訊，都是從大姨小姨、大舅二舅、舅媽、舅公、外公、外婆等媽媽那邊的親戚發來的，一條條簡訊都在勸她，說來說去就是那幾句話：「你的媽媽是為你好。」「你的媽媽是愛你的。」「你的媽媽只是關心你。」「媽媽可能方法不對，但是你要理解她的愛。」……

最後，大家都要求她給媽媽道歉，因為她立的界線讓媽媽傷心了。聽起來是不是很熟悉？當你試著要跟別人立界線的時候，你會發現，有的人會以形形色色、奇奇怪怪的理由來告訴你為什麼你不應該立界線。或者，他沒有直接反對你，但他會用行為來試圖推倒你的界線，讓你沒有辦法立界線，甚至讓你產生罪惡感，認為這樣做是你的錯，你沒有權利跟他立界線。比如，父母可能會讓你覺得，立界線就是不孝、矯情、不懂事等等。

剛開始嘗試立界線時，你會很容易被這些感覺和別人帶給你的壓力影響。與此同時，剛開始嘗試立界線時，有時我們會把握不好分寸。有些界線其實是不應該立的，或者別人並沒有越界，但是我們有可能會過度反應，認為需要立界線；另外，我們也容易在該立界線的時候沒有察覺。

因此我們需要一些原則，讓它像一盞明燈一樣來照亮我們。我們需要把我們在關係中遇到的問題放在原則之下，想一想是否需要立界線。原則非常重要，它是我們在整理關係邊界時的「定海神針」。有了原則，我們就會像一艘船有了錨，不管外面多麼風雨飄搖，只要錨定在那裡，船就能平平安安地停靠在港灣。

種什麼，收什麼

「想怎麼收穫，先怎麼栽」這句話人人皆知，但未必人人都懂。它的意思就是人要承擔自己行為的後果。比如，有一個孩子，他一直揮霍無度，三十多歲了還是這樣。每次還不起錢了、三餐不繼了，他就去找父母。父母心疼他，不想讓自己的孩子沒有飯吃，所以每次都幫他。最後他們發現，不管孩子如何發誓說自己下次絕對不再亂花錢都沒有用。故事還是在一遍一遍地重演。

我認識的一個人賭博到一個地步，還不了債，父母就幫他還債，然後把他關在房間裡。他母親一直哭，以自殺來威脅他，讓他不要再賭了。可是收效甚微，他還是會偷偷去賭。後來他父母實在受不了了，已經神經衰弱了，就來問我該怎麼辦。我就告訴他們，他們並沒有讓孩子去承擔他行為的結果，所以孩子並不會覺得這是他的問題。他去賭博，欠下的賭債變成了父母的債，他沒有承擔後果，後果都落在父母身上，所以他並不著急，而父母卻很著急。這就是沒有立界線的結果。

父母往往心疼孩子、捨不得，於是就替他承擔。可是，孩子種下的「因」，卻由父母收那個「果」，這是錯誤的。你是願意現在讓他吃點苦，以後知道什麼事絕對不能做，還是現在替他承擔，以後卻讓他吃大苦頭呢？所以，從孩子小時候起我們就要教他們明白「種什麼、收什麼」的原則，教他們承擔自己行為的後果。

比如，孩子如果玩遊戲，不做作業，那麼你千萬不要天天問他「你做作業了沒有」，然後要求他趕緊做作業，甚至拿著打人的棍子坐他旁邊。如果是這樣，那麼他做不做作業就變成了你的問題了，對不對？你要讓他瞭解和承擔他行為的後果。如果他不做作業，父母在收到老師的批評時，要請老師直接批評學生，並讓學生明白不交作業的後果，因為做作業是孩子的事情，他需要自己承擔後果。只有承擔了後果，他才知道下一次他要種什麼「因」。

有一個媽媽跟我說，她的孩子上學總是忘記帶作業。每一次孩子上學之後，她都要去給孩子送作業本或者是送書，反正總有什麼忘在家裡，需要她去送。為了讓他不忘記帶東西，這個媽媽只好每天幫他收拾書包，還要幫著再檢查一遍。這很明顯也是越界的行為。

我「對」你負責，但是「不為」你負責

健康的關係是「我對你負責」，但這個責任會有一個底限，即「我不會為你負責」。

舉個例子，假設你的太太是一個很沒有安全感的人，她對你很不信任。丈夫對太太是有責任，要幫助她建立對婚姻的安全感，所以這種情況下，你應當特別注意，不要在外面跟其他的女性有曖昧行為。比如，不要隨便讓異性同事坐你的車，更不要讓異性同事坐副駕駛座。如果你的太太在這方面非常介意，那麼你就不可以讓別人坐。這是「我對你負責」的意思。

那什麼叫「我不為你負責」呢？還是拿太太沒有安全感的例子來說。假設你從來沒有收到任何異性發的曖昧訊息，太太可以隨時看你手機上的內容，你每天按時下班回家，把太太照顧得非常好，跟她一起做家務、一起帶孩子……總之，沒有任何引起太太疑心的地方，讓她覺得你不值得信任。可是，你的太太出於一些個人原因，比如原生家庭、成長背景的影響等，就是對婚姻很沒有安全感。無論你怎麼做，她就是對你沒有安全感。那麼，這就不是你的問題了。

如果此時你一定要想方設法給妻子安全感，一定要做到讓妻子滿意為止，這就是越界了。

我要求你尊重我，我也會尊重你

趙彤自認是一個非常有界線感的人，從來不怕別人提反對意見，也不怕拒絕別人。事實上，她常常拒絕別人的要求，並以此為傲。她的同事、家人、朋友，甚至孩子，都從來不敢對她越界，因為他們知道，一旦越界，便會被毫不留情地拒絕。

然而，這位女士卻不懂得尊重別人的界線。她對孩子有極強的控制欲，常常闖進女兒的房間，偷看她寫的日記。她也無法接受任何人對她立界線。有一次，她請一個同事幫她完成一項緊急工作，恰巧同事當時手頭比較忙，於是表示拒絕，她後來就對這個同事產生了怨恨，在工作中處處為難對方。

有些人看起來很有界線，拒絕人的時候很堅決，任何越過他界線的行為他都可以阻止。但是，某個人到底是不是有界線，還要看他是不是能夠接受別人以同樣的方式來對待他。

比如，別人請他幫忙，他回答：「對不起，我現在沒有時間，我不能幫你。」那麼，下次他請別人幫忙的時候，能不能接受對方說「對不起，我很忙，沒有時間，我不能幫你」？

反過來，有人可以無止境地去幫助別人，但是他從不接受別人對他的幫助。這也是一個雙重標準的表現——他覺得接受別人的幫助是一件很羞恥的事，但他幫別人的時候卻沒有問題，不會認為這是別人軟弱的表現。這樣的人，也沒弄清楚真正的界線是什麼。

彼此尊重，意味著我們設立的界線不是一個雙重標準——這樣要求別人的同時，我也會這樣要求我自己。

區分「我傷害你」與「你受傷了」

「傷害」和「受傷」，這兩個詞很難分清，概念上容易混淆。「傷害」是一個主動詞，我的言語行為傷害了你。「受傷」是一個被動詞，因你的言語行為我受傷了。

很多人覺得，如果我有邊界感，我就會傷害別人或者傷害自己。因為我們對一個人提出界線時，對方也許會覺得很受傷害。但是，如果我們為了正確的目標、用正確的語言和方法去做一件正確的事情，而對方仍然覺得受到了傷害，這不是我們的錯，而是對方的問題。因為有些人從來沒有接受過界線，也不願意接受界線，所以他會覺得不舒服，以前你都允許我這樣對你，為什麼現在不讓我這樣對你了？我很受傷。

實際上，不是你主動傷害了他，所以他受傷不是你的錯，是他自己的問題，他需要成長與面對。

我媽媽和大部分東方父母一樣，喜歡批評孩子，不喜歡誇獎孩子。她第一次走進我在美國的家，一邊脫鞋，一邊嘴裡嘖嘖地說道：「你看看你這個家，亂得像個狗窩一樣！」全然不提我獨自在美國打拼，沒花家裡一分錢，靠自己努力買下昂貴的學區房這回事。

對此我很不高興。於是，我告訴她：「我並沒有請你來批評我的家，如果你實在看不到任何好的地方，那麼請你不要說話。」我媽媽當時非常傷心，責怪我這個做女兒的竟然不准她說話。我非常認真地告訴她，我沒有不允許她說話，我是不允許她隨意用語言來攻擊我，如果這個正常的要求讓她傷心了，那麼也許她應該想一想，為什麼她會因我的正當要求而感到傷心。

主動採取行動，而非歸咎於人

想要在關係中設立界線，我們需要主動行動，而不是等著對方意識到他應該有邊界感。不要說「你看，他這個人一點邊界感都沒有」「你看，他又越界了」，這沒有用。不要期待別人會突然有界線的意識，來解決已存在的問題。一般情況下，人不會突然改變，更沒有興趣為那些給我們造成不便的習慣負責。所以如果你一直喋喋不休地訴說對方怎樣傷害了你，不要對他的改變抱太大希望。除非，你幫助這個人看到，他這樣對你會替自己造成麻煩。

我有一個學員，她每次和丈夫討論一件事情，丈夫都會站到她的對立面，抨擊她的想法，並提出和她相反的意見。她想要好好和丈夫溝通，於是告訴丈夫，他這樣的做法讓她很傷心，不想和他繼續溝通下去。結果怎麼樣？丈夫說：「你太敏感了，我不過說了事實，你就這樣無限上綱。好了好了，我以後不再說話了，好吧！」然後結束談話。這個妻子就非常傷心，卻又不知道該怎麼辦。上了我的界線課後，她明白了要讓對方「種什麼，收什麼」，便換了一種方式和丈夫溝通。

他們的對話變成了這樣：

妻子：「老公，你這樣說話會很容易讓我想找你吵架哦！」

丈夫：「為什麼，我只是說事實啊！」

妻子：「也許你需要換一種說事實的方法，來阻止我找你吵架。」

丈夫：「你這個人怎麼這麼敏感啊？動不動就無限上綱的！」

妻子：「是啊，我就是這麼敏感，所以你更要想一想，應該怎麼說才不會讓我無限上綱。」

丈夫：「那你希望我怎麼說？」

妻子一改之前要求丈夫改變說話態度來讓她感覺好一些的方式，這次，她的每一句話都把問題丟回給丈夫，讓他去想要怎麼解決妻子找他吵架這個麻煩。

當妻子主動做出改變和調整，丈夫的回應就不一樣了。

如果想擁有邊界感清晰的關係，我們必須主動行動。那個要做選擇、做決定、立界線、持守界線的行為發起人和行為執行人，應當是你，而不是別人！

三個步驟，學會建立健康的界線

理解了前面說的這些原則之後，我們就可以正式著手建立健康的界線了。

第一步，建立健康的自我認知

建立界線的第一步，是建立健康的自我認知。搞清楚自己喜歡什麼、不喜歡什麼，知道自己要什麼、不要什麼；知道別人對自己做的事感覺如何，是喜歡還是不喜歡；知道自己的需求是什麼，自己對他人有哪些需求；等等。只有搞清楚這些問題的人才能和外界建立真實的連接，同時不失去自我。

然而很多人不是這樣的，他們跟外界建立了連接後就失去了自我。舉個例子，有的女孩子一談戀愛就黏著男友，對他百依百順，什麼都願意為他付出。這看上去似乎是很愛對方的表現，其實卻是因為很多時候她對自己缺乏正確的認知。因為不知道自己要什麼，所以男朋友要什麼，她就要什麼；因為不知道男朋友這樣對她講話，她的感覺到底如何，所以男朋友可以用PUA的手段控制她，可以辱罵她，可以對她施加暴力；她不知道自己的需要是什麼，所以男朋友說什麼就是什麼。

因為沒有健康的自我認知，所以關係當中沒有界線。沒有界線的關係是不健康的，最終只會毀掉關係，也毀掉關係中的人。

我經常會在輔導中問我的學員：「你不喜歡什麼？」學員很快就能回答我。但當我問你「要什麼」的時候，很多學員往往會沈默很久才能夠給出一個答案。

大部分的人都知道自己不想要什麼。比如，這個人天天叫我幫他買奶茶，但我不想買；我不希望他對我這麼兇；我不希望他這麼不尊重我；我不想每天被人指使。但是，單單知道自己不想要什麼是不夠的，你還要知道自己想要什麼。所以立界線就變成了一件很令人害怕的事情，因為大部分人不知道自己想要什麼。

前面我們提到，界線是一個選擇，如果你不能做選擇，那麼你肯定不能立好界線。會做選擇的意思就是你知道自己要什麼。只有知道自己要什麼，你才能根據自己所要的來設立你的界線。如果你想要身體健康、多陪家人，那麼你的界線可能就是不加班、不應酬；而如果你想要快速升職加薪，那麼你的界線就另當別論了。

怎樣才能知道自己要什麼呢？可以用排除法：在每一個「想要」的後面，放十個「但是……」，如果有了這十個「但是……」，這件事情還是你想要的，那麼它就真的是你要的。

比如，我想少加班，多陪家人，但是這樣就會失去升職的機會，但是老闆就會不高興，但是同事會不高興，但是薪水就不夠多，但是沒法買學區房，但是無法支付孩子的鋼琴課……如果在這些「但是……」後，你還是毅然決然地選擇少加班，那麼這就是你真正想要的。

此外，你要對自己的感受很敏銳，一旦覺得不舒服可以立刻停下來，想一想為什麼我覺得好像不太對勁。這一點非常重要。另外，如果你說「我喜歡被溫柔地對待」，那麼請你先定義一下什麼是溫柔，因為每個人對溫柔的定義不同。比如，對你先生來說，溫柔地對待你可能就意味著他會幫你做飯；而對你來說，溫柔地對待你可能意味著對方生氣的時候也不會罵人或者大吼。所以，不要用模糊的概念，而是要用更具體的語言來明確說出自己喜歡什麼、不喜歡什麼。

在一段關係中，我們需要告訴對方怎麼對待我們。所以，要十分清楚自己的好惡，知道自己要什麼、不要什麼。

比如，你跟朋友約了一起看電影，他遲到了半個小時，並解釋說是塞車了，你說沒有關係。第二次你們又約了吃飯，他又因為什麼事遲到了，你還是說沒有關係，你都能理解。但是慢慢地，你會發現他總是遲到，這時候你可能會想：他總是遲到，可能他真的很忙，他的公司可能離這邊很遠。然而，對方為什麼遲到是他的事情，你需要搞清楚的是自己要什麼、不要什麼。

如果你要的是對方能夠準時出現在你的面前，而不要對方總是遲到、讓你等他，那麼，你就可以與他立界線。

又比如，你新加入一家公司，有同事找你幫忙買奶茶，但是不給你錢，讓你很不舒服。這時你就需要知道自己想要什麼、不想要什麼。如果你說「我不想一直倒貼錢幫他買奶茶，我想要的是不用再幫他買奶茶」，那我就會追問：「下一次他找你幫忙買飯可不可以？請你幫他買花行不行？請你去幫他接孩子行不行？」

這樣你可能會發現，其實你不想要的不是某一件事，而是所有這一類事——對方請你幫忙，他卻忽略了自己的責任，對你十分不尊重。

那麼，你要的是什麼？也許你要的是幫別人做了事以後，對方能夠尊重你，把錢給你，對你表示感謝，而不是就這麼算了。這樣，下次再有人請你幫忙，不管是帶奶茶，還是帶飯，或者其他什麼，你都很清楚，你要的是對方的尊重。

第二步，確立越界的後果

想清楚自己要什麼之後，接下來第二步是要做一個很重要的決定：如果對方越界，你願意做到什麼程度？

要知道，當你立界線的時候，一定會有人想要越界。為什麼？因為總有些人不喜歡你的界線。你沒有界線對他來說是一件很好的事情。為什麼很多沒有界線的「老好人」會受到大家喜歡？並不是因為大家尊重這樣的人，而是因為這樣的人對他們來說太「方便」了，別人要他做什麼，他就做什麼。這樣的人誰不喜歡呢？所以，我們要想清楚，如果我們立了界線，對方越界，我們就要做出選擇。

比如，你的老闆對你破口大罵，你願不願意辭職？如果你立好界線，他卻不斷衝破你的界線，你願不願意「撕破臉」？或是你願意繼續忍耐，往後可能會繼續被他羞辱？想好了你願意做到什麼程度，將決定你如何告知對方越界的後果。比如，如果丈夫對你語言暴力，不尊重你，你是打算立即和他打一架，還是想辦法讓他吃個苦頭，還是直接把離婚協議書扔給他？這些都取決於你想要忍耐到什麼程度。有界線的人永遠都是掌握主動權的。

然而，怎麼立界線卻需要大智慧。你老公今天和你大吵一架，你就要和他離婚嗎？老闆因為誤會把你罵了一頓，你就要辭職嗎？朋友臨時爽約，你就要封鎖他嗎？答案是：不一定，看情況。如果你和你老公只因小事吵架，那麼用離婚來威脅是不智慧的；但如果因你老公出軌之後不思悔改反而怪你不夠溫柔而吵架，那麼離婚就變得合情合理了。如果老闆在一個非常關鍵的項目中處於高度緊張狀態，因為一個誤會第一次罵了你，你辭職就顯得有點玻璃心；但如果老闆平時就很不尊重人，長期羞辱你，搶你的功勞，這次又當著眾人的面把你大罵一頓，你辭職可能就是明智之舉。如果朋友因他母親生病而臨時爽約，封鎖他就會顯出你的任性；但如果他經常毫無原因地爽約，從不尊重你的時間，也不關心你的感受，平時對你也不真誠，那麼封鎖他就很明智。你看，根據不同的情況，不同的關係，給出不同程度的後果，不同級別的界線，每一個級別對應的後果是不一樣的。

舉個例子，我有一個朋友 Jason，他的兒子總是在做作業時偷偷玩電腦遊戲。他知道改掉這個習慣需要時間，而且電腦也是必要的學習工具，不可能徹底拿走，所以他知道兒子很容易就偷玩。於是他立了一個逐級的界線：如果兒子一時沒控制住，做作業時偷玩了遊戲，那麼要在二十四小時之內主動告訴他，這時的後果是較輕的；如果隱瞞不說，二十四小時以後被他發現了，那麼後果就嚴重一些；如果兒子不是偶爾一次，而是經常偷玩遊戲，那麼後果會更嚴重。他給兒子偷玩電腦遊戲的行為立了界線，而且是不同層級的界線。

逐級設定界線的好處是給對方留有改正和進步的餘地，讓對方在失敗的時候，仍然能夠被賦能，通過他自己的努力去修正之前的錯誤。它適用於生活的任何場景。

再舉一個例子。Lucy 的媽媽總是喜歡在她工作時打電話給她，如果 Lucy 因為開會或工作忙沒接電話，她媽媽就會一直打，直到她接通為止。Lucy 可以給她媽媽設定這樣一個逐級的界線：如果不是非常緊急的事情，請你不要在我上班時不停地給我打電話；如果你打來一次，我沒接，你就不要再打了，下班後我回電話給你；如果你不停地打來電話，那麼我不但不會接電話，而且下班後也不會回你電話。

最後需注意的是，根據不同的情境、不同的對象，我們建立界線的方式也要有所調整。

有人問我，她的孩子總是玩遊戲，不做作業，要怎麼跟孩子立界線。這類問題我一般無法直接回答。因為你怎麼跟他立界線，要根據具體情況來判斷。如果你的界線一直設立得很好，孩子是很有邊界感的人，那麼你可以讓孩子自主選擇是先做作業，還是先玩二十分鐘遊戲，但是無論如何在晚上九點前他必須把作業做完，否則第二天二十分鐘的遊戲時間將會減為十分鐘。

記住，孩子越有界線意識，就越能夠對自己負責，也越能有自控力。如果你們家之前的邊界感很糟糕，孩子很少接觸界線這個東西，那麼這一套就行不通。你在開始的時候，需要把界線拉緊。比如直接告訴孩子：你回家先做完作業，就可以玩二十分鐘遊戲，但是記住，一定要先做完作業。如果沒做完作業就玩遊戲，下一次我會幫你保管遊戲主機，直到你把作業做完。所以在不同的情境中，我們建立的界線也是不一樣的。

另外，立界線的對象不同，界線也會不同。比如，一個朋友住在你們家，你會跟她說：

「我洗澡的時候你不可以進入浴室。」但如果是你的丈夫，那可能就無所謂了。如果是你的孩子呢？如果孩子年齡還很小，他可能不但要進入浴室，還要進到你洗澡的淋浴間。你跟父母、跟孩子劃定的界線，不可能跟丈夫的一樣。

關係的進展和界線的退後應當是循序漸進的。如果一個人能夠遵守我的第一層界線，我就會放鬆。這意味著我們之間的關係拉近了。但是當我發現他不能遵守下一層界線的時候，我就要設置一個更嚴的界線來確定這個人不會越界。一層一層的界線之間是有遞進關係的。

舉個例子，假設你們和公婆住在一起，你告訴婆婆，平時不要隨便進你們的臥室。如果你的婆婆每次都尊重你的要求，未經允許從來不進入你的房間，那麼你可能漸漸地就不關臥室的門了，因為你在和婆婆的這個關係中更加放鬆了。相反，如果你的婆婆對你的要求聽若未聞，經常不管不顧進入你們的房間，那麼你更有可能怎麼做呢？可能每天出門前不但會關上臥室門，還會鎖上門。也就是說，我們會根據對方遵守界線的情況調整我們的界線。

第三步，溫柔且堅定地溝通

立界線絕對不是讓我們很兇，好像要跟誰爭個魚死網破，那是我們之前講過的硬界線，不是健康的界線。立界線的目的不是要讓關係破裂，而是要讓關係更加親近，讓彼此成為更好的人。很可惜，大部分沒有界線概念的人都不明白這一點。

所以，在立界線之前，我們一定要事先跟對方溝通，為什麼要跟你立界線。我不是為了要跟你疏遠，是為了跟你有更好的關係。

溝通的時候要注意溝通方式。有三種溝通方式：被動型溝通、攻擊型溝通、堅定型溝通。哪一種方式更合適呢？

被動型溝通是指，一個人總把他人的感受、需要和想法放在首位，哪怕自己會付出很大的代價，他一般不會表達自己的需要，也不會為自己站出來說話。我們身邊總有這樣的人，他們很容易被人有意或者無意地佔便宜。記不記得前面做過的測試？如果同事總是找你幫他買奶茶，而且還總不給你錢，而你卻不好意思去要，那你就屬於被動型溝通的人。

被動型溝通的人說話聲音一般都比較小，說話時也不太敢看人家的眼睛。他允許別人佔自己的便宜，或者說，他其實感覺到別人在佔自己便宜，但是他不敢理直氣壯地表達自己的需要和想法。

在婚姻裡有很多被動型溝通的例子。比如，明明做妻子的覺得很委屈、很憤怒，但是她就是不能理直氣壯地把它表達出來，而只是隱忍。所以我聽到有些人會這樣說：「他妻子的脾氣好得不得了。」大家會稱讚這樣的妻子，但是我有一個疑問：這個好脾氣，究竟是真的脾氣好，還是只是因為自己屬於被動型溝通的人，不太敢表達，而一味隱忍而已。

被動型溝通的人往往缺乏自信，哪怕他其實已經很優秀了。在接受我輔導的人中，我見過很多非常優秀、在自己所在領域做到極致的精英，但他們仍缺乏自信，甚至非常容易自卑。一旦有一個比他更厲害的人出現，他的優越感、自我滿足感、自我喜悅感就會立刻消失於無形，隨之而來的是恐懼、自卑，並且視對方為威脅。然後他就陷入被動。

也有一些人恰好相反，屬於攻擊型溝通的人。這類人很容易不耐煩，你還沒說什麼，他就已經生氣了，並且經常使用批評、嘲笑、諷刺的方式來進行溝通，或者提出強硬的要求。一般來說，這類人說話的聲音會非常大，攻擊性很強。他不願意妥協，會經常打斷對方的話，或者在你講話的時候要求你聽他說。但是當你要求表達的時候，他卻不太在意，不認真聽你說。比如，有些比較強勢的父母常會對孩子說：「你要說什麼？你不要講了，你是小孩子不懂，聽我的。」這就屬於攻擊型的溝通方式，對他人是比較不尊重的。

最後一種溝通方式是我們想要的，叫堅定型溝通，也就是我們常常聽到的「溫柔且堅定地溝通」。這種溝通方式關注雙方的需要，我知道我的需要是什麼，我也在乎你的需要。被動型溝通的人只在乎對方的需要，攻擊型溝通的人只在乎自己的需要，而堅定型溝通的人同時在乎自己和對方的需要。這樣的人往往有真正的自信，自我認知也比較健全，而且富有同理心。同理心是一種莫大的能力，讓人能夠跟別人共情，並因此願意做出妥協。當然，這個妥協是在他自己同意的範圍內，是他考慮了對方的需要和自己的需要以後做出的一個選擇，而不是被迫的，不是因為自己不好意思拒絕、開不了口，所以就被迫妥協。

因此，堅定型溝通的人不會打斷別人說話，他會認真傾聽，同時他能夠為自己發聲，能夠清楚地表達自己的需要，具有自信的語氣和身體語言，比如目光會注視著別人。當我們想設立界線的時候，我們一定要以這種溫柔而堅定的溝通方式與對方溝通。

舉個例子，如果你的母親經常不打招呼就跑到你們家來，讓你感到很不舒服，你可以這樣溝通：我知道你的需要是得到尊重，而我的需要是獨立的空間，你侵犯我的空間讓我覺得很不舒服，所以你以後不可以隨便到我們家來。我要把鑰匙收回，我不會讓你隨時隨地能進到我們家裡來，因為我實在是需要一些私人空間。與此同時，我知道你需要被尊重，我也願意尊重你。我尊重你的方式是只要你來之前給我打電話，在我方便的時間，我都非常歡迎你。

這樣溝通之後，對方就知道，你要跟他設立界線並不是要拒絕他，而是真心希望你們之間的關係變得更好。

如果你所謂有邊界感的方式是提前什麼都不說，突然要求對方做到這個、做到那個，一旦對方拒絕，你什麼都不溝通，直接不理這個人了，把他從你的生命當中封鎖，這就不是建立健康界線的做法。

除了提前溝通，在立界線的過程中，也同樣要用溫柔而堅定的溝通方式。我們可以很溫柔地向對方表明我們的需要，並堅定地捍衛自己的需要。比如，你可以對你的配偶說：「親愛的，我需要你尊重我，不管我做錯了什麼，你都必須在尊重我的前提下跟我溝通。」這就叫溫柔地表明需要，同時也堅定地捍衛需要。

這裡需要強調的是，當你要做出必要妥協的時候，你要尋找其他綜合的方法，而不是允許對方越界。一旦立了界線，就不允許對方越界。但是，你可以用其他方法來讓步。

比如，你之前跟孩子立好了界線：如果午飯沒有吃完的話，下午就沒有水果吃，直到晚餐的時候才可以吃飯。結果，孩子午飯沒好好吃，沒過多久，他真的非常餓了，想要吃點東西。界線已經立過了，可你也知道他是真的非常餓了，這時候需要一點妥協。那麼你可以給他一小塊餅乾，或者一小塊麵包，但是絕不給水果。

在下一章中，我會展開講如何尋找其他綜合的方法，以及這麼做的後果。這裡要提醒大家的是，當別人企圖越界的時候，我們不要憤怒。他可能還沒理解你的界線，所以他會想越界。這時我們只需要溫柔而堅定地讓對方知道我們的立場，知道我們這樣做是為了彼此之間的關係更健康。可以很溫柔地解釋，但是一定要堅定地守住界線，不要退讓。

由於界線本身是很模糊、很抽象的，所以很多時候我們會拿不準分寸。但是，如果我們越多地思考界線的問題，我們的大腦就會建立一個新的模式，這個新的模式能夠逐漸代替舊的模式。這是很關鍵的一點。練習越多，我們就能夠做得越好。

學習在關係中建立界線不是為了停留在概念層面，而是為了在生活中實踐，所以我鼓勵大家不斷思考，同時也繼續練習。

克服三大障礙，讓界線建立更順利

我們在建立健康界線的過程中，也會遇到一些障礙，比如很容易產生錯誤的罪惡感，或者是產生被拋棄感，以及因結果不可控而帶來的恐懼感。因此，你需要克服這三個方面的障礙，才能順利建立健康的界線。

如何處理「罪惡感」

「都是我的錯。」

只要你開始立界線，我向你保證，對方一定會讓你覺得你對不起他。

比如一個媽媽對孩子說：「我活著都是為了你，我忍辱負重，不跟你爸爸離婚，都是為了你。你是我唯一的希望，你一定要爭氣。」如果要試著跟這樣的媽媽立界線，我們可以說：「你不離婚，那是你的選擇，你有你的原因。但是我不希望你把這些歸咎到我的身上，因為我不喜歡。這會讓我覺得，你這麼多年受的苦都是因我而起。我會覺得自己是一個包袱，一直在拖累你。這讓我很不舒服，我希望你不要再這樣說了。」

這樣講完後，大部分家長一定會說類似的話：「可我說的都是真的，你怎麼能這麼說呢？你這樣好傷爸爸／媽媽的心，爸爸／媽媽能活下來的唯一原因就是你。我真的太傷心了，早知道你會這樣，我還不如那時候就死了的好。」在團體輔導中，我聽過這樣真實的對話。這個時候，做兒女的很容易就會有罪惡感，怎麼辦呢？

這裡要特別提一下，父母有可能不是故意讓我們有罪惡感。非常有可能的是，他們是真的覺得就是因為你，他們才沒有走。他們也是真的覺得你對不起他們。這樣的父母本身就沒有界線感。

舉個例子，我記得非常清楚，我年輕的時候很喜歡爬山，那時的梅里雪山是完全未經開發的野山，我喜歡自己背著包去爬。我媽每次都非常擔心我，她怕我出事，所以不想讓我去。我有一次我要出門了，因為年少輕狂，也不太能明白父母對孩子的那種擔心，就堅持要去。我媽媽當時就給我撂下一句狠話，她說：「你今天要是敢踏出這個門，我就在家裡自殺，你回來就只能看到我的屍體了。」而且，她還說：「我要寫一封遺書，讓所有人都知道是你讓我自殺的。」我當時完全不敢相信這話是我媽媽講出來的，因為我媽媽是高知識分子。我也不知道當時自己哪來的智慧，心裡很震驚，卻用非常鎮定的語氣對她說：「媽，你是一個受過高等教育的成年人，怎麼會用這樣的方式來威脅我？你是要對自己的生死負責的，你怎麼會覺得你的生死要由我來負責？如果你自殺了，我會非常難過，但是我絕不會覺得是我讓你自殺的。我不為你的生命負責。如果你真的這麼做，這是你自己的決定和選擇。」說完之後，我把門一關就走了。可是走到樓下，我就不敢走了，來回踱步，擔心萬一我媽真的自殺了怎麼辦，糾結自己到底要不要走。但那時我就想，如果我回去了，我媽就會知道，她是可以用死來威脅我的。從此以後，她遇到什麼事情，還可能用死來威脅我、逼我就範。於是我在樓下徘徊了半天，還是咬著牙走了。從此以後，我媽再也不用自殺來威脅我。很多年後我們說到這事，我媽媽都覺得她當時怎麼那麼可笑。她說：「還好你當時穩住了，走了，否則我就會徹底綁架你。」

現在在很多家庭中，父母給孩子立界線時，孩子會用「我不吃飯了」「我不做作業了」來威脅父母，很多父母一點辦法都沒有。有朋友問我面對這種情況應該怎麼辦，我說：「那就讓他試一下。」當他不吃飯而感到餓的時候，或者不做作業第二天被老師批評的時候，他就再也不敢了。

這也符合我們前面說過的原則——種什麼，收什麼。我們需要讓種的人收自己所種的，因為只有這樣，他才能夠知道什麼決定都是會有後果的，他不能亂做決定、亂做選擇。有的人可能會說這聽起來太殘忍了，尤其是對自己的家人。當我開始跟我媽媽立界線的時候，我媽媽並沒有因此變得糟糕，而是變得更好了。所以，我們要幫助父母去建立界線，這是對彼此都有益的事情。

如果一個人總是可以用罪惡感來操控你，其實這對他不健康，對你們之間的關係也不好。所以我們一定不要有錯誤的罪惡感。

那怎樣處理我們的罪惡感呢？

處理錯誤罪惡感的第一步是需要分辨。

想一想：這是我的錯嗎？我應該覺得對不起對方嗎？我應不應該有罪惡感？這件事中有沒有我的責任？哪一部分是我的責任？有沒有對方的責任？哪一部分是對方的責任？對方說的有道理嗎？我們要仔細分辨。

作為一個心理諮商師，我感覺很多來訪者都是非常焦慮或抑鬱的，他們會有各種行為上的問題。偶爾他們會把自己的問題歸咎到我頭上。

比如，有一個來訪者，我猜他可能已經在虐待孩子了。按照美國的法律，我必須向美國兒童保護中心報告。對此他非常生氣，然後他對我說：「我根本聽不懂你講的話，因為你是一個中國人，你的英文有口音，所以我聽不懂。」這個時候，我需要分辨這種帶來罪惡感的訊息：他說的是對的嗎？是不是我做得不好，而導致了他今天這樣的狀態？還好，我能夠很快地分辨出這是謊言，他都接受我的輔導一年了，居然現在說他聽不懂我說話，如果真聽不懂，早就該聽不懂了。在這種情況下，我們要快速地分辨，理清帶來罪惡感的訊息，並且給這些訊息立界線。

處理錯誤罪惡感的第二步是要挑戰慣性思維。

如果我將所有的罪責都推到某人頭上，他的第一反應會是：「沒錯，都是我的錯。」事情的結果不好，有的人會發脾氣，而有的人會習慣性地認為是他的責任。

Dyson的一個親人自殺，他第一個反應是：「我當時要是多發幾條簡訊給他，也許他就不會自殺了。如果我當時去探望他，也許他就不會自殺了。」這些就是慣性思維——我們總是把事情攬到自己身上，總覺得要為別人的情緒負責。事實上，我們需要挑戰這種慣性思維，告訴自己這和我沒有關係，不是我的錯。

在這種慣性思維出現的時候，我們首先需要「喊停」，告訴自己不要這樣想。其次要反問自己：為什麼這件事沒做好，我會覺得是我的錯？

處理錯誤罪疚感的第三步是「認知過濾」。

認知過濾這個詞是我創造出來的。為了獲得更乾淨的水，我們會安裝淨水器，裡面有一層一層的濾網。我們的認知也需要過濾。當我們有罪惡感的時候，我們要通過幾個問題來過濾一下，看看哪些訊息是不真實的、不對的，甚至是有毒的，而哪一些訊息是真實的、正確的、有益的。

我們可以用三個問題來進行認知過濾。第一個問題是：他說的是事實嗎？第二個問題是：他為什麼要這麼說？第三個問題是：他希望我聽了以後有什麼反應？

比如，面對那個怪我英語不夠標準的來訪者，我會先問自己第一個問題：他說的是事實嗎？顯然，他說的不是事實。事實證明，在過去這一年裡他完全聽得懂我講話，突然，就在我要舉報他有虐待兒童問題的時候，他說他聽不懂了。第二個問題：他為什麼要這麼說？剛開始我也不太清楚，但是我仔細想了想就明白了，這是因為他很生氣，他想把他的憤怒發洩到我身上。第三個問題：他希望我聽了以後有什麼反應？我猜想，他一定是希望我聽了他的話，認為是我的問題，這樣我就不敢去舉報他了。

認知過濾是一個很重要的練習，因為我們的大腦需要做強化訓練，直到這三個問題成為我們的第一反應，面對各種主動或被動接收到的訊息，我們自然而然就會用這三個問題來進行認知過濾。

如何克服「被拋棄感」

「我感到自己被拋棄了……」

當你立了界線以後，對方很有可能會採取一些令你難受的行動。比如，主管可能會冷落你，朋友或者父母可能會不接你電話。如果你決定要立界線，你就需要做好心理準備，你可能會產生被拋棄的感覺。但同時你也要知道，如果對方讓你感到被拋棄了，很有可能是因為他不知道自己應該怎麼做，因為他之前從來沒有處理過界線問題，沒有經驗。就像我媽媽，我開始與她立界線時，她完全不知道應該怎麼辦，所以就選擇乾脆不理我，用不理我的方式來保護她自己，同時也是掩蓋她的不知所措。在這個階段，我們產生被拋棄的感覺也是很正常的。

當然，我們也可以做一些預告，幫助對方更好地接受我們所立的界線。

首先，立界線之前一定要事先跟對方溝通。

對方很可能對界線有各種誤解，所以當你要立界線的時候，他以為你要跟他劃清界線、與他生疏，所以他就開始與你生疏了。他不明白還能怎麼做。所以，我們要在立界線前先把我們立界線的動機說出來，避免對方誤解。

比如你遇到一個總在半夜打電話給你的朋友，你可以這樣跟他說：「你每次三更半夜打電話吵醒我的時候，我都特別生氣，因為這非常影響我第二天的生活和工作。我跟你說過很多次，你也不聽，這一點讓我覺得特別不被尊重，以至於以後我都不想再跟你做朋友了。所以請你以後不要在晚上十二點之後給我打電話。如果你再打，我就會封鎖你，再也不接你的電話。」然後你要解釋，之所以這樣做是希望你們將來還是朋友，要不然遇到這種情況你還是會生氣，真的是不想再跟他做朋友了。

其次，如果對方主動遠離時，你要主動聯繫。

對方可能不知道該怎麼辦，所以你要主動聯繫他們，讓他們知道你並不是要跟他們分開，而是想要讓彼此關係更好。盡量在其他方面與他們正常相處。

比如，陳星說他媽媽隨時隨地都會打電話找他，並且要求他無論是在上課還是做別的事情都必須接電話，否則她就會很生氣。他試著立界線，告訴他媽媽，每天晚卜八點以後他才可以接電話。但是，當立下這個界線以後，他媽媽就不理他了，既不打電話給他，也不接他的電話。他問我該怎麼辦，我就告訴他，晚上八點過後打電話給他媽媽，如果她不接，沒有關係，再過兩天後，還是在晚上八點之後再打電話給她。這就是我們在以主動的、正常的方式去經營關係。主動打電話給不理你的媽媽，這是在繼續尊重她，並繼續向她表達愛，對不對？但是，這個主動的行動，一定是在我們的界線範圍之內。所以我叮囑陳星，千萬不要在白天的某個時候打電話給她，因為我們給她立的界線是晚上八點以後才可以跟她通電話。堅持守住這個界線，她就能夠接收到一個訊息：你立界線並不是不要她，也不是不要跟她通電話，而是時間上不允許。

我先生的家族比較大，所以我們結婚以後，當他與他的父母立界線的時候，他的父母就不理我們，也不過來看我們，對我們非常冷淡。因為他們以為我先生要和他們斷絕關係，所以就遠離我們。後來，我先生一再地與他們溝通，表明他仍然關心他們、愛他們。慢慢地，他們才明白我們不是不要他們了。

最後，我們要找到一個安全的團體獲得支持。

如果對方心懷惡意孤立你，讓你產生被拋棄感的話，你需要在一個安全的團體裡得到大家的支持。比如，我現在做很多團體輔導，一方面是因為我確實沒有時間做私人輔導了，另一方面是因為團體輔導可以為大家建立一個非常好的互信環境。在團體輔導中每個人都在講自己過去的經歷，對彼此非常坦誠、開放，而不像在外面那樣戴著面具做人。所以，團體的向心力、凝聚力特別高。

我還在線上開辦團體共進營，一群人一起朝著共同的目標改變，相互支持，相互打氣，相互鼓勵。在一次線上輔導中，一位學員提到自己童年時被性侵的經歷，她雖覺得非常羞恥但仍鼓起勇氣分享出來。在接下來的半個小時裡，有超過一半的學員因為她的分享，也紛紛出來分享自己過去被騷擾的經歷。這些女性都曾經為此感到羞愧，也從來不敢對任何人提起，但是在這裡，她們是安全的，被接納的，不被論斷的。這樣的團體，就是一個安全的團體。

如何克服「恐懼感」

「他會不會傷害我？」

有時，對立界線產生恐懼感源於我們不知道對方會做什麼，我不知道立界線的後果會是什麼。比如，如果我給老闆立界線，我不知道他會不會因此打壓我。

例如，Mike 的老闆實在是太麻煩了，所以他嘗試和老闆立界線，他的老闆果不其然就一直找他的麻煩，讓他在公司裡很被動。其實 Mike 也是一個中高層管理人員，但不管他怎麼表現，他就是得不到好評。他所在的公司是不需要打卡的，但他有時候去晚了一點，他老闆就會發郵件批評他遲到，用郵件而不是口頭批評是為了留下證據，所以他可能會被開除。在美國，被開除的人很難再找到工作。如果因為公司實在沒有合適的崗位而只能辭退一個人，老闆一般會給出很好的評語，以便這個人找到下一份工作。但如果這個人是被開除的，他基本上是得不到好的評語的，所以當時Mike很緊張。他面臨一個選擇，要麼自己辭職，要麼向老闆妥協。向他的老闆妥協意味著放鬆界線，但是放鬆界線後，他的日子也會變得很可怕，所以，他最後兩個都沒有選，他決定把界線堅持下去。

從那時候起，他開始記錄自己的工作以及和老闆的對話，然後把記錄交到了工會，最後的結果是他的老闆向他道歉。這件事後，他的老闆就再也不敢刁難他了。又過了不久，他的老闆就被調走了。他的同事們明著不說，但是暗地裡都非常尊重他。大概過了半年多，大家都心悅誠服地推薦他做經理，他最後成了老闆。這是一個堅持界線最後得到好結果的例子。

當然，不是每次堅持界線都一定會有這麼好的結果，也許你碰到的老闆是你根本沒辦法勝過的，也可能沒有人為你主持正義。所以，請記得我們在前面講過的原則：立界線本身是一個選擇。你是選擇立界線並為此付出代價，還是不立界線忍受痛苦？很多人覺得立界線太可怕，但是其實我們已經看到了，不立界線也很可怕，只不過我們習慣了那種可怕，不覺得它可怕而已。立界線是另一種更為陌生的害怕，所以讓人退縮、想放棄。

然而，我們要努力練習自己做對的事情。設立界線能幫助你在相對較短的時間內建立好自我保護的「圍欄」，並告訴他人如何對你。完成了這一步，將來你在工作、生活上就會很輕鬆，省去很多麻煩，不必擔心有人隨時闖進你的「房子」。就拿我來說，我曾花五年時間和我母親磨合界線，但這五年相對於之後更長久的相伴，實在不值一提。何況，在磨合的過程中，情況也會越來越好。所以，立界線屬於一勞永逸的工作，是你應該付代價去做的對的事情。

提 升 你 的 邊 界 感

CHAPTER

04

在前面，我們已經瞭解了什麼是健康的界線，以及如何建立健康的界線。但是在具體實踐的時候仍然會遇到一些挑戰，這一章我們就重點講講在建立界線的時候，大家普遍存在的錯覺和迷思，以及如何破除它們以提升我們的邊界感。

怎麼區分「缺乏界線」和「越界」？

我在二〇二二年講界線課時，有一個學員學到一半的時候，終於明白原來她的人際關係之所以一直有問題其實是因為缺乏界線，於是她立志要和親人朋友建立界線。過了沒多久，她垂頭喪氣地來找我，說：「吉祥老師，我現在知道要立界線，可是我不知道哪些地方別人越界了，哪些地方沒有越界。所以我既擔心在別人越界的時候忘記立界線，又害怕別人其實沒有越界而我自己反應過度。」

比如，她繼續說：

「我媽幫我帶孩子，孩子吃飯要外婆餵，我說這麼大的孩子可以自己吃，可我媽捲起袖子就餵了，這叫不叫越界？

我一個很久不見的朋友見到我就說我變胖了，讓我減肥，這叫不叫越界？

我好不容易把廚房收拾得乾乾淨淨，老公回來一看就說，我沒把醬油瓶子放回原處，這叫不叫越界？

我的老闆總是在下班前五分鐘開會，這叫不叫越界？

我家大女兒總是不經我同意就用我的手機買東西，看影片，這叫不叫越界？」

誠然，這是很多學員在學習立界線的過程中碰到的普遍困惑：以前不知道界線，看什麼行為都覺得沒問題，現在學了界線，看什麼行為都覺得像越界。那麼，到底哪些行為屬於越界行為，哪些行為不屬於越界行為？

其實很簡單，問一個問題就能搞清楚對方的行為有沒有越界。這個問題就是：關你什麼事？不是要你去嗆別人，而是真的問這個問題，這事和對方有關嗎？如果和對方沒有關係，那麼對方就越界了。給大家舉幾個例子：

1 好久不見的朋友看見你第一句話就問：「發生了什麼事，你怎麼最近長這麼胖啦！」越界了嗎？可能你心裡會想，她可能也是擔心我，沒有惡意。你也可能會想，她就是這麼個刀子嘴豆腐心的人，但是從越界的情況來說，你長胖不關她的事，所以她越界了。

2 過年回家，三姑六婆問你：「你今年賺了多少錢啊？」這種問題很容易被類似「親戚的關心」這樣的藉口遮蓋，但是，你賺多少錢不關他們的事，所以他們越界了。

再來個升級版，更難的。

3 父母幫你帶孩子，你請他們不要再餵孩子吃飯了，免得孩子長大了還學不會自己吃飯，可是父母根本不聽，照樣餵飯。這是越界嗎？孩子是你的沒錯，但是他們在幫忙帶，所以，這事與他們有關。他們不聽你的建議，雖然讓你很抓狂，卻並不是越界。除非你能做出選擇，如果再餵飯，那麼就不要他們幫忙帶孩子了，那麼你就可以因為這個決定而和他們設定界線，但如果你需要他們的幫助，那麼這個界線就立不了。

我們在學習立界線的時候，要特別注意避免草木皆兵。我再強調，建立界線的目的並不是要把親人朋友都遠遠地隔離在外，讓人不敢接近你，而是要通過拒絕有意或無意的越界，讓雙方的關係變得更健康。

彼此相愛的人，需要界線嗎？

還有一種觀點認為，彼此相愛的人，不應該有界線。

與家人和親密的朋友相處時，我們常會說「我愛你」，這三個字其實是很可怕的。有很多人會跟我說：「我最怕聽到的就是我媽媽跟我說『我愛你』，因為我知道這句話就等於，她會在任何時間做任何我要她做的事情，她可以為了我的利益犧牲一切；與此同時，她對我的期待也是一樣，她也希望我做出同樣的犧牲和付出。」

以愛之名，很多人付出很多，最後卻落得兩敗俱傷，彼此心生怨恨。因為當我為你付出這麼多，而你不能回報我的時候，我就很傷心。很多父母說「我不會，我對孩子的愛是不求回報的」，如果你對孩子的愛真的是不求回報的，這個愛一定是非常有界線的。如果你對孩子的愛沒有界線，你一定會要求他回報你，只不過有時你可能沒意識到自己有這樣的要求。比如，你要求他成績很好，因為你為他付出了這麼多，帶他參加培訓班，他怎麼可以成績不好；或者你不要求他成績好，中等成績沒有問題，但是他要聽話，要懂事……我們其實對孩子有很多的要求。

我不是說有要求是錯誤的。但是，如果是因為「我對你做了這麼多，你就必須達到我的要求」，這不是真正的愛。

真正的愛是有界線的。所以，有時候最極致的愛就是對孩子說「不」。大家都知道，如果孩子一直要吃冰淇淋、不停地吃，我們出於愛孩子，會給他設立界線。我們會說：「不，今天只能吃一個冰淇淋。」你不會說：「我愛你，你吃吧，飯也不用吃了，就吃你想吃的冰淇淋、糖果和其他甜的東西就行。」

Sara 的媽媽是她最好的朋友，她也是她媽媽最好的朋友。她在華盛頓工作，她的媽媽住在佛羅里達州，她們隔得很遠，每天要打兩次電話，早一次，晚一次，分享彼此的心事。她的媽媽除了她沒有任何朋友，所以每一次放假就等著她從華盛頓飛回佛羅里達。她也一直認為自己的責任就是陪伴媽媽，沒有別的，所以她從來不跟同學或同事一起出去旅遊。每次一放假她就飛回媽媽那，哪怕她其實已經很厭倦了，其實很想和朋友出去玩。後來她來我這裡接受輔導，發現了這個問題。她就開始立界線，開始和朋友、同事、同學去旅遊。她的媽媽要求她放假的時候回家陪她，她學習開始拒絕。最開始的時候，她的媽媽傷心欲絕，覺得生活不下去，快要瘋掉了。可是後來她媽媽慢慢地知道，她的孩子在做一件對的事情。這樣建立界線以後，她媽媽雖然不情願，但還是開始結交周圍同齡的朋友，也開始跟她們一起去逛街、學插花等。Sara 用正確的方式來愛她的媽媽，她與媽媽的關係也漸漸變得更加健康。

所以，如果你是父母，請不要再說：我這麼愛我的孩子，我無私地愛我的孩子，所以我不要與他們立界線。

愛，一定是有界線的。

請牢記：沒有界線的愛是溺愛，也是不健康的愛。只有有界線的愛，才是能夠造就人、塑造人的健康的愛。

「立界線」的五個迷思

立界線會讓兩個人變生疏？

很多人擔心，立界線會讓兩個人的關係變得生疏。

真的是這樣嗎？

事實恰恰相反，立界線會讓兩個人的關係更加親密。

還是拿我和我母親的關係來舉例。

她為我犧牲了很多，我非常愛她。但在我們還沒有立好界線的時候，我們兩個可謂是「相愛相殺」。

於是就出現了一種現象，叫「我愛你，但我不喜歡你」。每次隔著距離我都很關心媽媽，會買給她各種補品，總想著她需要些什麼，我要買來送給她。隔久了不見，也會很想回家住一段時間，但是，只要我回家，不超過一周，就會產生各種各樣的矛盾，讓我想立刻逃離她。因為我的媽媽還把我當孩子對待，想要「管」我，全然不尊重我已經是一個獨立生活的成年人，大清早隨意進入我的房間要替我打掃房間，非要強迫我吃早餐，晚上一定要等我回家她才睡覺。我覺得自己被她「綁架」了。

而我的媽媽呢，也很委屈。「你這麼久不回來，一回來就打亂我的生活節奏，我早上七點準時吃早餐，你偏要睡到八點，我不等你吃飯也不對，等你吃飯我就要餓著肚子；我晚上九點就要睡覺，但你九點還在外面和朋友玩，我又怕你沒帶鑰匙，又怕你晚上餓了想吃點什麼，我就不敢睡；我的家裡長期都是乾乾淨淨的，你一回來就把家裡弄得很亂，還不讓我進去打掃……」

這種大大小小的矛盾數不勝數。

我們之間沒有界線，所以她的事情成了我的事情，我的事情成了她的事情。我很痛苦，她也很痛苦。

《你好，李煥英》這部電影，為什麼票房可以破兩百億台幣，為什麼會引起那麼多人的共鳴？也許是因為我們自己的原生家庭和電影裡的相似。原生家庭的問題，我們在後面章節會有詳細的論述。

這裡我想說的是，為什麼我們對自己的父母有時會又愛又恨？其實，這是因為在我們的關係中只有「愛」，卻沒有界線。

你有沒有見過很多父母累得半死，心裡有很多的怨恨，但是又覺得自己必須幫孩子帶孫子，要不然好像對不起孩子？然而這種「犧牲」，兒女會領情嗎？他們之間的關係會很和諧嗎？很多時候雖然父母幫我們帶孩子，但我們對他們仍有一肚子的怨恨，父母對我們也有一肚子的怨恨。但因為一些所謂的「現實原因」，到最後雙方還是沒辦法分開，必須在一起生活。這種狀態讓很多人非常焦慮、抑鬱、抓狂。

很多人愛父母，卻不喜歡父母；他們很愛父母，卻沒有辦法跟父母住在一起，一旦住在一起，時間稍微一長，就會感覺整個人都要爆炸了。這就說明，沒有界線的關係其實並不一定親密，我們只是因為血緣而綁定在一起。

我們誤以為是界線讓我們的關係變得生疏，其實沒有界線才讓我們變得生疏，甚至好好的母女落得不相往來，好好的父子變成了仇人。

其實，我們跟其他人的關係也是同樣道理。

比如，為什麼會有「塑料姐妹花[1]」？平時兩個人看起來好得像一個人，但經不起一點波折和考驗，一有風吹草動就會撕破臉。這也是因為在彼此的關係中沒有界線。

所以，如果我們想要擁有親密的家人、知心的朋友，那麼在彼此關係中一定要有界線。

那為什麼還是會有很多人覺得，立界線會讓彼此更生疏呢？

這是因為，剛開始立界線的時候，會打破現有的關係狀態，帶來一些新的挑戰，所以會讓對方感覺被冒犯，從而引發一些爭執。但是請相信我，這只不過是一開始不習慣罷了，過一段時間之後，等你們重新建立起了新的健康的關係，你們就會享受到這段關係帶來的更多甜蜜。

比如，自從我和我的媽媽明確了我們之間的界線之後，到今天，我和她之間的關係已經非常健康了，我們在一起相處非常愉悅。她可以很輕鬆地拒絕我的要求，比如說我想請她來幫我顧孩子，我媽媽可以說：「抱歉，不行。」我也完全能接受她不來幫我顧孩子這件事，

1 比喻許多女性的友誼像假花一樣鮮豔美麗，卻是虛假的。

不會因此對她心生怨恨，不會覺得她對不起我。我知道這是她的權利，她完全有權利不來幫我顧孩子，她不幫我帶孩子是理所當然的事，來幫我帶孩子則是恩典。我不會對她有錯誤的期待，我的媽媽也不會對我有錯誤的期待。

有時我會跟她說我有這個需要、那個要求，她就半開玩笑地說：「不要再說了，再說我可要掛電話了。」於是我就會立刻停止提出那些不合理的要求，我就不會再講她不想聽的事，更不會對她喋喋不休。我母親也是一樣，如果我說「抱歉，媽，我現在很忙，我不能再跟你說了」，她會尊重我的意見，然後掛掉電話。我們現在能毫無愧疚或掙扎地將自己的真實想法坦誠相告，關係十分親密和諧。她不會說一些讓我覺得很煩惱的話，也不會再說傷害我的話，我也更加發自內心地尊重她、愛她。

更重要的是，現在我不但愛她，而且我也喜歡她。這裡所指的「愛」，更多的是由血緣關係所帶來的一種情感，是被動的，打斷了骨頭連著筋的那種無法割捨的、血濃於水的感情。而這裡說的「喜歡」，卻是一種在主動選擇下發自內心的享受和欣喜，這種感情會讓你想要盡可能多地和對方待在一起。

健康的界線，不會讓我們彼此疏遠，而是會讓我們的關係更親密，相愛不相恨，彼此關心卻不會互相轄制。

立界線＝自私？

這種觀點，其實是把自私和自我照顧混淆了。

什麼是自私？我要求你做我想做的事情。

什麼是自我照顧？我做自己想做的事情、自己需要的事情。

舉個例子，你剛剛下班，已經很累了，這時候你的閨密打電話來叫你過去陪她，因為她失戀了。你告訴她今天太累，不能過去陪她了，這就是自我照顧；而你的閨密不依不饒，非要你去陪她，用各種方式來情緒勒索、道德綁架你，不顧你的疲倦，要你去滿足她的需要，這就叫自私。

自我照顧不會傷害別人，而自私會。還是以上面例子分析，你閨密叫你去陪她，你因為太累不想過去，並沒有傷害她的利益，但她非要讓你過去陪伴，卻會對你的身體和精神造成傷害。自私是不管我的行為會不會傷害你，我都一定要做。

不會自我照顧的後果是什麼？給大家講一個真實的案例。

丁丁是一個老好人，有一天他上班的時候身體很不舒服，所以他就提早下班了，想趕快回家休息。沒想到有個同事想請他順路載他一程，因為他自己的車子壞了。丁丁其實很想拒絕，但是他覺得如果拒絕，是一種很無情、很自私的行為，所以還是送了對方一程。而他的家其實在反方向，所以當他送完同事再回家的時候，不巧遇到下班高峰，開始嚴重堵車。他本來就已經很不舒服了，加上路上堵了兩個小時，所以回到家後，他整個人都崩潰了，非常難受。

舉這個例子，是想請大家分清楚：自私和自我照顧是兩個不同的概念，不要混為一談。如果我們認為，別人需要我的幫助，我就要放下自己的需要去幫助他。即便我已經很累了，已經很想要休息了，我還是要去幫助他，如果不幫助他，那就表明我是一個很自私的人。其實這種觀點是錯誤的。

任何時候我們都要先照顧好自己，再去照顧別人。而不是反過來。設立界線，不等於自私，而是讓我們先綁好自己的安全帶，再去幫助別人綁好安全帶。

立界線會傷害到別人？

很多人覺得設立界線會傷害到別人，這是因為不知道怎樣正確地設立界線，以為要設立界線就得很嚴肅，表現得很生氣。

如果你還不太會設立界線，那麼，你一般會在自己很生氣的時候提出一個要求，以此來作為界線。比如，以後不准你對我這麼講話，以後不准你再遲到……我們會比較願意提出這樣的要求，好像是在設立界線。這也讓我們產生一種錯覺——如果我要立界線，我就得很兇。而過往的經驗告訴我們，在生氣的時候說出來的話，往往是很傷人的，所以我們就覺得不能這樣，於是也不敢立界線了。

其實，立界線絕對不是提要求，立界線也不是要兇別人、傷害別人。一個理想界線的設立是溫柔而堅定的。所以，千萬不要誤解。

立界線會花很多時間？

我在前面提到，我和我母親立界線花了五年的時間。你們可能會覺得這個時間太長了，所以嫌麻煩、不想做。

立界線確實會花很多時間，然而不立界線會花更多的時間，因為一段沒有界線的關係，會讓你為很多跟自己無關的事情負責，因此會浪費你很多的時間、精力和情緒；反過來，設立界線看似花了一段很長的時間，但是過後它會為你節省更多的時間。

打個比方，你每天都跟丈夫吵架，每次吵一個小時，很辛苦。如果你願意花一年的時間專心學習如何與人相處，以保證你們之後都不吵架，那麼，雖然一年比一個小時長很多，但事實上你總共花的時間更少，你們的關係也更健康。

立界線會引發更多傷害？

也有人擔心，設立界線會引發更多傷害。

舉個例子，孩子在學校被老師錯誤地對待，我們應不應該站出來保護自己的孩子。

很多家長害怕老師以後私下刁難孩子，所以就不敢找老師溝通，決定維持表面上的體面。但是這樣做其實忽略了一個事實：如果你不去立界線，你的孩子隨時都可以被老師任意對待。因為上一次在老師任意對待你孩子的時候，你沒有跟他立界線，所以他下一次仍然可以用錯誤的方式對待你的孩子。這就是我們沒有界線思維帶來的後果。

很多人還是會害怕，萬一鬧得太大，對孩子造成更大的傷害。比如聽說某某家長因為孩子的問題到學校去鬧，甚至砸了東西，最後孩子被迫轉學。這其實是因為他沒有以正確的方法來立界線，所以最後結果不好。

從我的經驗來看，所有用正確的方法跟老師設立界線的——請注意，是用「正確的方法」設立界線——最後都得到了很好的結果。

如果你只是跑到學校大吵大鬧，那根本就不是設立界線，而是在發洩情緒。當我們用對的方法來立界線，孩子會得到父母的保護。老師也不敢再隨意地對待孩子，而且老師還會尊重家長，因為他知道家長是有界線感的，有界線感的人會受人尊重。

對方不配合怎麼辦？

某天早上，我跟一個朋友通電話。他跟我講到他和他媽媽之間有很多的傷害、不解、積怨，但是都沒有說出來。我當時跟他說，我認為這是界線的問題。他回答說，這不是界線的問題，和界線沒有任何關係，因為他媽媽沒有受過教育，如果跟她講界線，她是聽不懂的。這位朋友代表了很多人對界線的一個錯誤認知，那就是他們認為立界線是與對方有關的一件事情，如果對方不願意改變，不願意接受我們立的界線，那麼我們就無法和對方立界線。

就像這個朋友一樣，每一次當我提到立界線的時候，很多人的第一反應都是拒絕，覺得立界線很可怕。之所以如此，很多時候是因為第一時間我們就會覺得自己做不到，這表明我們對界線不夠理解。

你可能也有這樣的誤解，認為立界線是兩個人的事情——如果對方不配合、不支持，我就沒有辦法立界線。但是，我想告訴你，立界線其實只是你一個人的事情。

如果你的房子沒有「大門」，請問，此時如果有人要衝進你們家，而你看到後趕緊關上門，不讓他衝進來。請問，把他關在門外，是你一個人的行為，還是你和這個人一起的行為？

如果對方不願意你關門，不允許你關門，你要不要關門？照樣關，可能關得更快！同樣的道理，立界線一定是你自己一個人的行為。

所以，你為什麼會害怕立界線？因為對界線不瞭解，不知道立界線到底是怎麼回事，以為立界線不是自己能說了算的，而是要對方配合。所以，如果對方沒有受過教育、聽不懂，或者對方不配合，我們就會認為沒有辦法。

其實，立界線只是你一個人的事情。

回到本小節開頭提到的那個朋友。他跟我說，他母親對他的眾多傷害之一是，他明明給了他媽媽很多東西和錢，他媽媽卻說沒給。所以，他就和他媽媽理論，並且很傷心，之後他決定再也不給媽媽錢了。

這是沒有立好界線的問題。立界線時，你要告訴對方，你需要他怎麼做。然後你也要告訴對方，如果他不這樣做，會有什麼後果。比如，給錢的事情，這個朋友就可以告訴他媽媽：「我給了你錢，我需要你承認我給了錢。如果你不承認，那麼以後我就不給你錢了。」這就是立界線。而這個朋友跟他的媽媽糾纏了那麼多年，但是一直沒有告訴她，他需要什麼，以及如果她不做，後果會是什麼。

如何克服記憶模式帶來的恐懼？

什麼是記憶模式？我們現在採取的很多行為模式都是根據我們小時候的記憶、成長過程中所收到的訊息而形成的，這些東西就成了我們的記憶模式，持續影響著我們的感受和認知。

舉個例子，盼盼從小就看見爸爸打媽媽，她很想去打她的爸爸，或是保護她的媽媽，但是她發現她什麼都做不了，因為她那時候太小了。而且，她在想要保護媽媽的時候，還會被爸爸打。時間久了，在她大腦裡就形成了一個記憶模式。盼盼長大以後，當她想要和她的爸爸對抗的時候，她的記憶就會重現，把她帶回小的時候。盼盼後來進入ＦＢＩ（美國聯邦調查局）工作，她可以制伏大概一百四十公斤的男人，可以想見她的格鬥技巧有多厲害。有一次，她回到她父母那裡，因為說了一件什麼事，她爸爸就生氣了，走過來就要打她。她的爸爸跟她差不多高，但很瘦，而且已經老了。就在她爸爸走過來的那一會兒，她的腿一直在發抖，她非常害怕，甚至站在那裡什麼都做不了。當她爸爸打她的時候，她條件反射地用手擋了一下，因為她是受過特殊訓練的，所以她擋這麼一下，她爸爸就倒地了。在那一瞬間，她突然發現，她已經不再是小時候的她了。以前爸爸打她，她只有挨打的份，但現在情況已經改變，她的感受卻還停留在過去，在此之前她一直沒有意識到這點。這就是記憶模式的影響力。

所以，如果父母不想讓孩子成為一個討好型人格的人，就要從小尊重孩子的界線意識，幫助他立界線，而不要仗著自己是成年人，毫無顧忌地衝破孩子的界線。孩子年齡小的時候，每次想要跟父母立界線都發現立不了，因為每一次父母都可以輕而易舉地衝破，這也會形成一個記憶模式。我看到過很多這樣的例子，比如有的媽媽非常強勢，她的兒子娶的老婆也非常強勢，這個媽媽就覺得兒子沒用，怕老婆。她沒有搞明白，是她從小侵犯了兒子的界線，以至於他長大後沒有一個好的記憶模式來幫助、支持他來立界線，甚至他可能根本就不知道要立界線。就算他知道，他也不敢跟別人立界線。就像盼盼一樣，小時候的界線不停地被侵犯，長大以後想要立界線時，她就會回到記憶模式。而那個模式本身是一個很可怕的模式，她總是會受到壞的後果的恐嚇，所以她不想也不敢立界線，覺得立界線是一件很可怕的事情。

如果父母從小就給孩子建立一個好的記憶模式，讓他知道他可以立界線，情況就會大不一樣。比如，你的孩子不想讓你親他、摸他時，你要立刻停止，讓他知道爸爸／媽媽尊重他。因為這是他的界線，我們要盡量保護他的界線。當然，你設定的界線，他也不可以侵犯。比如，他想要吃十個冰淇淋，你當然不能給他吃。但如果孩子提出合理的要求，我們一定要尊重，並且要有意識地建立孩子的界線感。因為他可能不會記得當時具體發生的事情，但是這個記憶、這個感覺會形成模式，一直跟隨他。

如何戰勝之前軟弱無助的記憶模式所帶來的恐懼呢？首先，你要告訴自己：「我已經不再是過去的那個小孩子了，以前大人可以把我壓在地上打，可以隨便罵我，可以嘲笑我，現在他們已經沒有辦法再這樣做了。以前他們打了我，我哪兒也去不了，只能待在家裡，因為離開家我活不下去，但現在如果他們還是這樣不尊重我，我可以離開，我有自己的家。」我們要不斷提醒自己，我已經不再是記憶中的我了，以此來戰勝那段軟弱的記憶。

其次，我們要做事實驗證。問一下自己：真的是這樣嗎？如果我立了界線，一定會被刁難嗎？如果我跟他說了這話，他一定會有這樣的反應嗎？其實結果是不一定的，但是我們總傾向於把結果想得最壞。假如我跟老闆說「請你不要在晚上十二點之後給我打電話」，他真的會生我的氣嗎？不見得，他有可能覺得我說得對，從此就不再這樣做了。

除此以外，我們還要經常練習。當我感覺跟一個人設立界線可能有點艱難的時候，我通常會在開車的時候練習該如何對話。想一想：我這樣講以後，假如他的反應是這樣，接下來我該怎麼說呢？如果我的學員需要去處理跟別人的關係，我會跟他一起練習，我來扮演那個人，他還是做他自己，我會讓他一遍一遍嘗試如何表達，然後我給他一個回應，讓他嘗試應對。

萬一不被別人喜歡怎麼辦？

在我們的記憶模式裡，我們曾經試圖去立界線，最後都沒有好結果——要麼被打，要麼被罵，要麼被禁足。當我們去跟他人立界線，就意味著我們要突破自己在別人心目中的固有印象，會有怎樣的結果，我們也不能控制。這種「無法控制」的感覺容易帶來恐懼。

如果你是一個討好型人格的人，你會想要討好別人，讓他們喜歡你。可是立界線就意味著，我們要停止討好別人。這樣一來，你必然會擔心別人因此不再喜歡你。比如說，如果我跟老闆立界線，老闆有可能會開除我，或者有可能為難我，加薪、升職就沒有我的事了。想到這裡，我們難免產生恐懼。

我們都不喜歡失去別人的愛。但是，你一定要知道，如果你是一個沒有界線的人，所有人都「愛」你，這沒有什麼好值得驕傲的，因為他有可能很「愛」你，卻不見得尊重你。如果你每天送你的同事一杯奶茶，她一定說「親愛的，我愛死你了」，但她是否真的愛你？這樣的「愛」是否包含尊重？

因為我們沒有界線而帶來的愛，不是我們想要的愛。如果你的老闆因為你立了界線（比如你告訴老闆半夜十二點鐘以後不要打電話）就刁難你，那麼你可能要考慮一下你的工作環境是否健康。如果你選擇委曲求全是因為找不到更好的工作，那你可能需要提高自己的能力，換一個更健康的工作環境。

關係再好
也要承擔越界的後果

CHAPTER 05

在設立界線時，非常重要的一個環節就是設立後果。如果沒有給到後果，就好像什麼呢？我們還是回到前面講過的房子的例子。本來這個房子沒有大門，現在你給它設立了界線，它有大門了。但是，如果只有界線卻不給後果，就好像房子的大門沒有鎖一樣。你把大門關上了，但人家還是可以隨隨便便推門進來。這就是很多人說「我立界線了，但是他不肯聽」的原因。

很多人對後果會有錯誤的理解，甚至完全不理解。很多人以為，後果就是懲罰，就是打罵，就是破壞關係。但實際上並非如此，後果不是被動承受的，而是一個人主動選擇的結果。還有的人設立的後果，其實不是「後果」是「獎勵」。那什麼是後果呢？後果和懲罰有什麼區別？後果該如何設定？這一章我們就來瞭解一下。

後果不是被動承受，而是主動選擇的

很多人對後果有錯誤的理解或完全不理解。這是為什麼呢？因為大部分人在成長過程中形成的對後果的認識就是被罰、被打、被罵，所以我們會認為承受後果是一件被迫的、可怕的事情。當我做了某件事後，得到的後果就是被我爸爸打了一頓，或者被我媽媽收了手機，或者是被收走了零用錢。這些都是被迫的、不好的體驗，所以大家對後果這個詞有一個根深蒂固的成見，以至於很多人不喜歡設立後果。

我們一想到後果，就會覺得那是不好的。如果我要讓你承擔後果，意味著我懷有惡意，我要懲罰你，因為我們的經驗就是如此。以至於我們對關係親密的人，很難給他們設立後果。特別是對孩子，很多父母根本沒有辦法讓孩子承擔後果，因為他們覺得孩子很可憐，讓孩子承擔後果太殘忍了，會破壞親子關係，損害孩子的安全感。

我們首先要搞清楚一個概念：後果是一個人自己主動選擇的結果。比如，當我說「如果你繼續這樣不尊重我，那麼我就要掛電話了」之後，對方聽了如果仍然我行我素，其實是他主動選擇了這個後果。

瞭解這一點之後，你就應該理解，為什麼我們不需要在立界線後產生罪惡感，覺得是自己傷害了對方。因為你已經告訴對方後果了，這是他自己主動做出的選擇。這也是為什麼在立界線的時候，我們首先要跟對方溝通，要告訴他原因和後果。如果我們不事先告知他後果，當他越界以後，我們突然讓他承擔後果，這就變成了我們是帶著惡意故意懲罰他。但如果我們事先告訴了對方，這樣做會有什麼樣的後果，他仍然選擇這樣做，那他就要自己承擔後果，跟我們沒有關係了。不是我們想要懲罰、報復對方，而是他自己選擇的，我們只是讓這個後果自然而然發生了。

再比如，假如我告訴孩子「你現在不要玩遊戲，把作業寫完，這樣我們吃完晚飯後就可以一起去看電影」，但如果孩子選擇不按時做作業，而是玩遊戲，這樣他就是自己選擇了一個後果，也就是吃完飯以後不能去看電影。

懲罰當後果，關係難長久

還有一些人，會把懲罰和後果混淆，但懲罰和後果是有區別的。

懲罰是一種在對方身上發洩憤怒的行為。而後果是一個正面行為或者負面行為的結果，它會幫助對方瞭解做對的事情和不對的事情分別會帶來怎樣的結果。對孩子來說，他會在這個過程中學習到事情的因果關係。我看到很多十五六歲的孩子，他們依然沒有因果關係的概念。他們不知道自己做一件事是有後果的。所以，他們做了一件事情以後，很驚訝怎麼會有這樣的後果。你可能會想：難道他們不會推理嗎？其實這不是孩子的問題，更多是因為家長在教養過程中沒有訓練孩子承擔後果。家長認為孩子很沒有責任意識，但其實是家長沒給過孩子承擔責任的機會。不僅如此，我們在與父母、配偶、同事相處時也需要通過承擔後果來學習因果關係。

那麼，為什麼我們不選擇懲罰呢？

首先，懲罰雖然有效，但是帶來的負面作用更大。如果用在孩子身上，會給孩子的身體和精神都帶來痛苦。而且，我們用懲罰威脅孩子，讓孩子有好的行為表現，或者是去做我們要他做的事情，他是被迫去做的，不是自己選擇做對的事情。

其次，當我們想要懲罰一個人的時候，其實我們已經越界了。為什麼？因為當我們想要懲罰對方時，是想要對方感受到痛苦。這是我們試圖以自己的方式來控制對方的感受以及他接下來的行為。如果你懲罰孩子，在孩子小的時候可能還比較有效，但隨著年齡的增長，他心裡就會積壓下這種被控制的憤怒。或者，你也許可以懲罰你的下屬，只不過你會不得人心。或者，你也許可以懲罰你的朋友，只不過這樣的朋友關係很難長久。

當我們把懲罰和後果混淆在一起，認為懲罰就是後果的時候，就很難維繫一段關係。這種情況下我們好像就只有兩個選擇：要麼就什麼都不說，把這口氣忍下來，然後維繫關係；要麼就是懲罰對方，最後破壞了你們之間的關係。這都不是健康的關係。如果用後果而非懲罰的方法，你就會發現效果完全不一樣。

所以，當你吼孩子、打孩子的時候，孩子知道你是失控的。有些孩子大一點的時候，你打他，他也不哭。你知道為什麼嗎？因為那個時候孩子知道你是失控的，他不哭，說明他仍然可以自控。如果這時候父母越來越生氣、下手越來越重，他仍然堅持不哭，那麼在自我控制的這場博弈中，孩子就贏了。這帶來的後果是什麼？那就是父母失去更多孩子對自己的尊重。這也是我不建議父母打孩子，把懲罰當作後果的原因。

只設界線不給後果，毫無意義

有的父母會說：「我明明告訴孩子不准晚回家，放了學就必須馬上回家，但他就是不回家，這是為什麼呢？」遇到這種情況，我會問：「然後呢？」如果父母給孩子講了放學之後要馬上回家，卻沒有後果，沒有告訴孩子如果不照做會有什麼後果，那麼設立這個界線就毫無意義。

為什麼？

既然不用承擔後果，沒有遵循「種什麼，收什麼」的原則，那孩子為什麼要按照你的要求來做呢？這樣，界線的設立就變得完全沒有意義。

同樣的道理，在夫妻、父母、同事之間也是一樣的。為什麼我們沒有辦法立界線，或者說，為什麼我們試著去立界線，但對方根本不理你，照樣做他的事情？很可能是因為我們只提出了要求，沒有給出後果。

有時候，我們會發現，自己想不出一個後果——因為我們根本不知道自己要什麼。比如，一個妻子跟丈夫吵架，告訴他晚上要早點回來，不要喝多，不可以和其他女人有出軌的行為……但她只是提要求，沒有設立後果。我問她：「如果他繼續出軌，你會怎麼做？」她回答：「不知道。」她不知道自己要什麼。而正如我們之前講過的，界線是一個選擇。我們要明白自己要什麼，然後根據自己的需要來設立界線。

假如在這個婚姻關係中，妻子需要依靠丈夫享受優質的生活，那麼，如果她不喜歡丈夫跟外面的女人曖昧，她可能會這樣設立界線：如果你跟其他女人曖昧，那也沒關係，但是你一定要給我足夠多的錢，讓我願意繼續維持這個婚姻。但是，如果這位妻子要的是美好忠誠的夫妻關係，她設立界線的方式就會截然不同：如果你和其他女人曖昧，我會跟你離婚。這就是根據不同的需求設立不同的後果。

有些家長會抱怨，自己的孩子就是不去上學，父母拿他們一點辦法都沒有。我覺得很驚訝：怎麼會有一個孩子，他靠著你吃，靠著你住，你卻拿他一點辦法都沒有？有的家長告訴我，因為他們擔心孩子會做出極端的事情，所以他們害怕給孩子設立後果。但實際情況是，如果父母無條件地寵溺孩子，有的孩子反而會用極端方式來威脅父母。

比如，有一天孫蕊打電話給我。一般我的客人不會在非預約時間打電話給我，除非有特殊或緊急的情況。所以那天孫蕊突然打電話給我，我就知道肯定有急事。結果，孫蕊對我說：「吉祥老師，我的女兒說，如果我要求她回學校上學，她就要自殺。」因為她女兒那時就在旁邊聽著電話，所以我就直接問這個女孩，是不是真的打算自殺，並且告知她，如果她今天真有自殺的計劃，那麼我會立刻送她去醫院，因為這是我的職責。女孩說她沒有計劃，然後解釋說，是因為她媽媽逼她去上學，所以她才想要自殺。於是我告訴她，她媽媽一定會讓她去上學的，現在她需要考慮一下，到底是不是真的要自殺，如果要，我立刻就送她去醫院。她想了一想，回答我，她只是說說而已。

接下來，我就開始教孫蕊與她女兒立界線。我對這個孩子說：「如果你以後再用自殺來威脅我，或者威脅你的媽媽，下一次你說你要自殺的時候，我不會再問你，我會當你確實有這個想法，並立刻報警把你送到醫院。」從此以後，這個孩子再也不敢拿死來威脅她的媽媽了。為什麼？因為我告訴她後果，讓她明白自己這樣做了會有什麼樣的結果。

這一案例存在一定的特殊性，作為媽媽的孫蕊在自己無法判斷孩子情況的嚴重性時，來尋求我的幫助，我依據自己對她女兒的評估和情況的瞭解做出了這樣的回應。如果也有家長遇到類似的問題，我的建議是盡可能多地和孩子對話，確認他有極端想法之後，積極地尋求專業的保護和幫助。但不要因為害怕給孩子設立後果，而讓孩子總能用極端方式威脅家長。

你以為給的是「後果」，其實是「獎勵」

有一個媽媽，每次都來聽我的直播，當她得知在與孩子立界線過程中非常重要的一環是給孩子確立後果時，她開始按照她自己的理解給八歲的兒子立界線。每次當她的兒子不聽話或是做錯事時，她就讓孩子回自己的房間。

直到有一天，她非常苦惱地來找我，說：「吉祥老師，為什麼我試著給他後果，可是他完全不在意後果，也絲毫沒有改變呢？」

我沒有直接給出答案，而是問了她一個問題：「你的孩子平時很活潑，很喜歡和別人一起玩嗎？」

這位媽媽回答道：「不是，他平時喜歡一個人自己玩」。找到原因了。原來，這個媽媽以為自己是在給孩子「後果」，但其實她是在給孩子「獎勵」。這個孩子喜歡獨處，每次犯錯後，媽媽就會讓他到自己的房間獨自待著。這對他來說，不是獎勵又是什麼呢？

你有沒有做過類似的事情，你的孩子對你設立的後果毫不在意，你的配偶對你設立的後果嗤之以鼻，以至於最後你把自己搞得灰頭土臉，陷入被動和尷尬。或者，你給出一個後果，是自己根本做不到的，但你一怒之下就說了，當對方發現你無法執行你自己給出的後果時，他就知道你的界線不堪一擊。有一個學員，他的兒子有一次在家裡發脾氣，不停地跺腳、摔門、尖叫，於是他對兒子說：「如果你再尖叫，我就把你從樓上扔下去。」可想而知，這樣的後果，大概不會發生，他的兒子也明白，爸爸說的話不算數，他給出的後果形同虛設，所以不必在意他的界線。

如果沒有搞清楚怎樣設定一個後果才有效，那麼你設立的界線可能毫無用處。

如何設立有效的後果？

想要設立一個有效的後果，需要遵循四個前提。

第一個前提：後果一定得是可以實施的。如果是不能實施的，就不構成一個後果。比如一個爸爸跟他的孩子說：「如果你再哭鬧，我就把你從樓上扔下去。」我們都知道這是不可能發生的，他只是在嚇唬孩子。但是，這樣做只會教會孩子一件事情——以後可以不用遵守父母設立的界線，因為他們說的後果不會發生。這是在告訴孩子，我們所說的因果關係是假的。所以，如果以後我們再告訴他「你現在不好好學習，以後找不到好的工作」，他也不會相信。

第二個前提：後果一定是對方可以承受的。如果是對方不能承受的，那麼很有可能實施不了，或者你真的那樣去做了，你將承受一個更可怕的結果。比如，假如你跟孩子講「如果你再偷東西，我就把你的手指砍掉」，如果你這樣說了，但是做不到，那就違反了第一個前提。但如果你確實按照你說的做了，真把他的手指砍掉了，這個後果是你和孩子都無法承受的。所以，這就再次提醒我們，不能因為自己生氣到極點，就隨便說一個非常嚴重的後果。

第三個前提：後果一旦設立，就一定要執行。對方再痛苦，我們再心軟，都要讓他來承擔。當然，我們在下文中也會講到要給予補償的機會，特別是對孩子。因為我們要讓孩子知道，做錯事以後他是可以補償的，這是很重要的一項能力。這樣他才不會「破罐子破摔」，不會就此放棄努力。但是，就算我們給他補償的機會，也不能取消自己先前設定的後果。

第四個前提：後果需要事先說明，如果你沒有事先說明，事後就不應該按照你心裡想的後果去實施。所以，給出後果這件事要養成習慣。比如，我們告訴孩子不能偷東西的時候，我們就要告訴他，如果這樣做會有什麼後果。比如，可以告訴孩子，如果他偷了東西，媽媽會把他帶回去，讓他自己去還；下一次，如果他再偷，被發現了，按照校規會被停學，或者會被警察帶走審問；等等。我們在平時聊天的時候，就可以把界線背後的後果先說出來，讓對方能夠一清二楚。

有了這四個前提，我們還需要按照既定的步驟來設立後果。如果沒有這些步驟，我們所給出的後果會讓人不服氣。

第一步，我們需要進行觀察和描述。舉個例子，比如有位朋友有遲到的習慣，我們可以平靜而詳細地描述我們的觀察：「我注意到我們過去的五次約會裡，有四次你都遲到了，每一次遲到差不多都是半個小時。今天你又遲到了。」這是我們觀察到的事實。我們可以繼續描述：「你每次都跟我說是因為堵車，或者你臨時有事情。」我們把我們所看到的，客觀地、不帶感情色彩地描述出來。

第二步，我們要提出要求。我們不但要告知對方他不能怎樣，也要告訴對方我們希望他怎麼做，這一點非常重要。比如，對遲到的朋友，可以這樣說：「我希望你以後跟我約會時不要再遲到，如果你再遲到，我就不等你，自己先點菜吃了。」

第三步，給予相關聯的後果。上面的例子裡，其實我已經習慣性地帶上了一個後果。這裡有一個非常重要的概念，那就是後果一定要和這件事本身相關聯。我們不能因為孩子考試沒考好就把他的手機沒收了，或者因為孩子考試沒有考好就不讓他出門。同樣，妻子不能因為丈夫回家晚了，第二天就不給他飯吃。這些都是非常不明智的做法，因為這兩件事之間沒有任何關聯。如果丈夫說好了晚上八點回家，結果卻十點才回來，那麼與之相關聯的後果應該是，下一次他這樣，你就不等他吃晚飯了。

最後，後果分成兩種，我們可以根據具體的情景給出相應的選擇。

第一種叫自然後果。

什麼是自然後果？自然後果就是一件事情發生以後，自然會產生的結果。比如說偷東西會被抓，玩手機會耽誤學習，不做作業會被老師批評，一直花錢去買東西家裡就會沒有積蓄甚至會有負債，這些都是自然後果。再比如，如果你不會開車還非要開車，那麼出車禍是遲早的事情。這就是一種自然後果。

這裡需要注意的是，自然後果不是我們不做任何事情就自然會發生的，有時候會需要我們有所作為。有些人誤以為自然後果就是和我們沒有關係了，我們不用管，其實不是這樣。比如，年齡比較小的孩子發脾氣時喜歡扔玩具，這時我們可以給出一個自然後果——你再扔玩具，玩具就不跟你玩了哦！玩具當然不會自己走開，我們需要把玩具收起來，但這仍然是孩子扔玩具的一個自然後果。

在婚姻關係中，對方如果出軌，我們需要決定是否要離婚。儘管離婚這個後果需要我們主動做出決定，但它依然是一方出軌的自然後果。

第二種叫創造的後果。

跟自然後果相對的一種後果，是我們創造出來的後果。當我們給出後果時，除了自然後果外，我們還可以創造後果。

親子教養中，很多父母都會有種無力感。有人告訴我，他的孩子沉迷於網路不寫作業，他已經收走了孩子所有的電子產品，可他還是不寫作業，父母不知道還能給他什麼後果。在解決這個問題之前，我想先說說父母的這種無力感，可能源於以下幾方面原因。

第一，孩子從小就被父母粗暴對待，以至於孩子長大以後，父母拿他沒辦法。有很多父母在情緒管理上有很大的問題，一不高興就發脾氣，還會使用各種威逼利誘的手段。孩子還小的時候，他無力反抗，所以只能聽父母的，因為他如果不聽，就會受到懲罰。

第二，很多父母在孩子小的時候沒有抓住機會訓練他們，那時孩子還沒有那麼叛逆，但錯過訓練的機會，最後吃虧的還是家長。有的家長為了圖省事、舒服，讓雙方父母幫忙帶孩子，自己的工作看上去風生水起，晚上回家就滑滑手機，看看電視，或者做一些自己的事情。如果家長不在孩子小的時候花時間教養孩子，等孩子長大了再教養就來不及了。而且之後所投入的時間、精力只會更多。

第三，家長在親子教養方面不願意花時間學習。很多家長跟我說自己是想學習的，但實在太累，想要放鬆。是的，你可以選擇完全放鬆。但是你有沒有想過，當孩子大了，叛逆了，晚上他不回家的時候，你該如何放鬆？或是他回到家就跟你吵架，你那時精力、體力都不行的時候，你還得跟他耗著，每件事情都要操心，你還如何放鬆？

所以，父母如果覺得對孩子無計可施，其實也體現了「種什麼，收什麼」這條原則。我想鼓勵所有的父母，雖然孩子小的時候教養他們很累，但我們無論如何都不能放任不管。

其實我們真的是有潛力的。拿我自己來說，我有兩個孩子，需要一邊工作一邊帶小孩，在孩子四歲之前甚至到現在，我們都沒有找人幫忙帶孩子。除此以外，我還要繼續讀書，深入研究兒童成長方面的內容。說實話，真的很辛苦。但是，只要從小教養好孩子，我們就發現孩子越帶越順。你花的所有時間成本、經濟成本，都不會白費，在將來的某個時候總會結出果實。現在雖然辛苦一點，但等孩子長大以後，你會慶幸還好自己當時花時間陪孩子、教養好了孩子。

現在，我們回到那個孩子沉迷網路讓父母很無力的案例。其實，每當我們開始感覺無力的時候，都是一次讓我們學習創造後果的機會。上面講到的孩子沉迷電子設備，父母收走這些產品，但他仍然不做作業的例子。這時，父母可以創造一個後果。比如，我把你所有的電子設備全部沒收，如果你回家後可以按時把作業做完，那麼我就會給你半個小時的時間來玩你想玩的任何電子設備。如果一個星期內，你每天都按時把作業做完，那麼我可以把玩電子設備的時間增加到一個小時。而且，週末我可以再給你半天時間自由活動，你可以選擇玩遊戲。這時，我們就從單單把孩子的手機拿走，變成了給他重新可以玩的機會。我們創造了後果。

孩子的感覺會有什麼不同呢？他現在有了一個機會，可以主動地把手機「拿回來」。當然，如果他因為玩手機又沒有完成作業，我們該怎麼處理？那麼他將再一次失去這玩半個小時手機的機會。孩子可能會有反覆，我們不用介意，我們要反覆地讓孩子經歷，他有可能會失去，也有可能會獲得，這取決於他的選擇。這樣，我們便人為地創造了一個後果。

再舉個例子，在夫妻關係中，如果你的丈夫跟你吵架，拿著枕頭去另外一個房間睡了，根本不理你。這個時候你要怎麼辦？很多時候我們沒有辦法。我們不可能和他一樣，也從這個房間離開。所以，我們有時候就會選擇不和對方說話來作為後果。但是你有沒有想過，他到另外一個房間去睡覺，就是因為跟你有矛盾，你以不理他來回應他，並不是一個自然後果，而是更像一種懲罰。但是，我們大部分人都會這麼做。

其實，在這種情況下，我們也可以創造一個後果。妻子可以設立一個後果：接下來的一個星期都不要讓丈夫回自己床上來睡。因為要讓他知道這張床不是一個你想來就來、想走就走的地方。這是我們創造出來的後果。

再強調一下，在創造後果的時候我們需要動腦筋。後果不是我拿走你的什麼東西，或者是我強加給你的什麼東西，當我們在給別人施加後果的時候，不要讓他覺得自己是被迫接受的，而是要讓他知道這是他主動選擇的結果。

給予補償的機會，關係才會更好

我再一次重申，我們建立界線是為了建立更好的關係，而不是為了破壞關係。所以，設立後果的目的不是報復對方或者讓關係變糟糕，而是保護我們的關係。我們希望對方知道，如果他做某事，就要承擔某種後果。為了避免關係破裂，我們要一起來保護，而他也要盡自己的責任。

但人總會有做錯的時候，會有不小心越界的時候。如果每一次一越界，我們就卡得死死的，那麼肯定影響雙方關係。因為人的改變是需要一些時間的，我們需要給人補償的機會。比如，對孩子而言，我們需要的是幫助孩子學習判斷什麼是錯的、什麼是對的，而不是懲罰孩子。所以我們要給孩子補償的機會，讓孩子通過補償來學習。

比如，某先生一生氣就會罵太太，太太之前告訴過他：「生氣的時候不可以亂罵我，如果罵了，我一周不會和你說話，也不會和你一起吃飯。」（注意，這個後果一定是先生不喜歡的，如果某先生巴不得不和太太說話，不和太太吃飯，那麼就要另換一個後果。）因為罵人後會使關係破裂，這是一個自然後果。那麼，如何讓某先生來補償呢？太太可以告訴他：

「如果你在二十四小時內向我真誠地道歉，且我願意接受你的道歉，那麼可以縮短成三天不說話。」當某先生有一次很生氣卻沒有罵人時，要適時給予鼓勵和肯定。

給予補償的機會很重要。每一段關係中，如果沒有補償機會的話，關係是非常難維繫下去的。所以，在親子關係、夫妻關係、同事關係中，我們都要給對方補償的機會。但是，需要注意的是，給補償機會不意味著我們可以打破自己的界線。界線還是要堅持的。

比如，一個炎熱的夏日，你告訴孩子要趕快吃冰淇淋，否則就溶化了，這是一個自然後果。可是孩子不聽，他繼續玩，冰淇淋果然溶化了，於是他就哇哇大哭起來。那麼，如果你給他補償的機會，是不是代表著你要再幫他買一個冰淇淋呢？不是的。如果他能配合做練習來補償，那麼當時雖然沒有冰淇淋吃了，但是可以給他吃一點冰葡萄什麼的。用冰葡萄替代冰淇淋，這並沒有打破我們先前設定的界線。

在教養孩子的時候，如果我們總是以拿走孩子什麼東西作為後果，其實這並不理想。在婚姻中也是如此，如果夫妻間發生矛盾，我認為最缺乏智慧的一個後果就是妻子拒絕跟丈夫過性生活。因為對方惹了我，我就不跟他親熱了，這是非常負面的，且很具有傷害性。這點我在後面會詳細分享。而與這些消極的後果相對的是，要求對方採取補償的行動。

關於本章所介紹的界線與後果的知識，我鼓勵大家一定要多多練習。因為不管你有多少知識，最終我們只有把它運用出來才有效果。

許多失敗的婚姻
都源自於「界線不明」

CHAPTER

06

有時候，我們覺得相愛的兩個人之間是不需要有界線的，不相愛的兩個人才應該有界線。其實這種認知不對。事實上，越相愛越要有界線，越有界線就越能保護我們的婚姻，讓我們可以在一個安全的婚姻裡更好地相愛。

婚姻有界線，關係更穩定

很多人會問：婚姻也要有界線嗎？答案是肯定的。

首先，界線提醒我們在婚姻裡雙方應該彼此尊重、彼此相愛，有自由去追逐自己的興趣和理想，而不是被婚姻捆綁。

婚姻會不會在一定程度上限制我們？答案也是肯定的。但這需要本人願意接受限制，而不是對方強迫。被強迫的限制和控制，都只會讓人心生怨恨。例如，一位太太生了孩子以後想要工作，而先生和公婆對此七嘴八舌發表意見，說「都是當媽的人，就應該在家好好照顧孩子」「既然生了孩子就要好好養」之類的話，這是非常沒有界線的表現。這些話會讓這位太太覺得，她不應該出去工作，應該在家全職照顧孩子。如果太太自己願意在家照顧孩子，那沒問題，但如果她因為丈夫和公婆的話而被迫在家照顧孩子，那麼她在婚姻中是沒有自由的，是很危險的。

其次，婚姻中的雙方都需要界線來保護自己。界線可以幫助婚姻中的兩個人知道什麼是可以接受的，什麼是不可以接受的。比如，配偶對我們施以精神暴力或者語言暴力，我們要很敏銳地意識到自己的界線被侵犯了，然後想辦法來保護自己。但是如果一個人在婚姻中沒有界線的話，他會允許對方不斷地來侵犯自己，比如用語言來指責自己，把不該他承擔的責任甩給自己，把不是他的錯誤歸咎於自己，把與他無關的事推到自己身上。這樣的話，這個婚姻關係就是不安全的關係，因為兩個人在其中都沒有得到保護。

我在團體輔導中遇到過很多這樣的案例：某妻子被丈夫精神或者語言暴力，可是她仍然覺得，如果她做得更好一點，如果她能從其他的地方得到更多的愛，然後她就可以更多地愛她的丈夫，那麼他的狀況就會好一點，他的這種行為就會減少，他的抑鬱症就會輕一點。

從這個例子可以看出，我們把對方應該負的責任攬到了自己身上，所以對方可以隨心所欲地做他想做的事，因為他不會承擔後果。我們之前強調「種什麼，收什麼」是立界線的一個原則，而在這個例子中，本來應該丈夫收的，卻讓妻子去收，所以丈夫永遠不會改變。從某種程度講，丈夫的這種精神問題反倒成了他的一個保護傘，使得他可做任何他想做的事情。對此，妻子一點辦法都沒有，還會一直不斷地責備自己。所以，她會非常焦慮、抑鬱。

現實中，我們和配偶的關係是非常親密的，比我們與父母的關係更親密，我們晝夜相處。當我們遇到這種情況的時候，我們本來應該是在一個安全的環境中經營彼此之間的關係，但是現在卻處在一個非常危險的境地，而我們逃不出去。為什麼逃不出去？因為如果沒有界線，我們甚至不知道自己應該逃出去，我們也不認為自己有權利逃出去，所以我們就待在一個非常不安全的地方，然後一直被施以暴力、被虐待。這就是為什麼很多女性被家暴，可是她們卻離不開那個環境。

很多人沒有敏銳地意識到自己的界線被侵犯了。進入婚姻以後，我們有時候會想：在剛開始談戀愛的時候都好好的，那時他不敢使用語言暴力，後來為什麼變了？因為那時對方還不知道你能不能接受他的言行，可是在相處的過程中，他慢慢知道你可以接受他所做的，他知道他可以這麼說你，他可以把責任歸咎於你，讓你產生罪惡感。

仔細想一想：兩個人剛談戀愛的時候，對方會打你嗎？不會。對方會批評你嗎？不會。為什麼？因為如果當時對方這樣做，他知道你一定不會接納，不會和他繼續交往下去。比如，假設一個人對妻子施以家庭暴力，現在他出去重新結識一個女孩子，遇到同樣的情況，他是不會對她動用暴力的。所以，不要覺得他控制不了情緒，正常情況下沒有人是控制不了情緒的，之所以控制不了，是因為界線和後果不夠嚴重。如果今天有個警察拿著槍對著他說「如果你繼續對你的妻子實施家庭暴力，你會立刻被逮捕」，你猜他能不能控制？一定是可以控制的。

最後，婚姻中之所以要有界線是因為夫妻雙方都要在婚姻中負責任。

界線幫助夫妻雙方明白各自在婚姻中的責任是什麼，這樣會減少角色的混亂和錯誤的罪疚感。我們在婚姻中要為自己的行為、選擇、對彼此的態度以及我們的價值觀等負責。

舉個例子，如果有一個太太覺得丈夫不夠體貼、對她很冷漠，但是自己卻什麼都不做，只是等著丈夫改變，那麼，基本上她丈夫改變的可能性很小。丈夫有丈夫的責任，妻子也有妻子的責任。

丈夫對妻子有責任，比如他不能在外面拈花惹草，不能每天回來領子上有口紅印，身上有香水味，因為這些會讓妻子沒有安全感。

但是，當這些丈夫都沒有碰，如果妻子還是沒有安全感，丈夫是不需要對妻子的情緒負責的。這時，妻子如果還是沒有安全感，她需要去找朋友傾訴、尋求開導，或者找心理諮商師做專業的輔導。但妻子不可以找丈夫的麻煩，不能指責丈夫，說丈夫做得不夠好所以導致她這樣，因為這已經不在丈夫的責任範圍之內了。

所以，界線可以讓彼此分清楚，到底什麼是我的責任，什麼不是我的責任，否則角色就會混亂。

講到角色混亂，我發現在很多家庭中，妻子像媽媽一樣在管著家，而丈夫像一個叛逆的青少年，不僅要跟「媽媽」博弈，還要被「媽媽」照顧。我在婚姻輔導中見到很多這種角色混亂的情況，沒有一個有好結果。在我輔導的案例中，有丈夫出軌、妻子悲傷得不得了的。追溯一下他們的婚姻關係，就會發現這位妻子已經很多年都在做丈夫的「媽媽」了，只是自己不知道而已。究竟在哪些地方，這位妻子不知不覺扮演了「媽媽」的角色呢？比如，丈夫的襪子在哪裡，他自己是不知道的，要來問「媽媽」，哦，不，妻子。再比如，妻子是家裡經濟收入的支柱，丈夫卻整天遊手好閒，在家無所事事。丈夫需要的是一個妻子，他不需要一個「媽媽」，因為他已經有一個媽媽了。同樣，如果丈夫的角色像「爸爸」，也是不健康的。如果我們在婚姻裡的角色混亂了，我們沒有辦法維持健康正常的婚姻關係，這段婚姻遲早會出問題。

婚姻中缺乏界線的幾種情況

婚姻中缺乏界線，往往是沒有安全感的表現。

舉個例子，你會經常看到一些年輕的夫婦，他們接電話往往兩個人一起聽，只要丈夫接電話，如果對方是女的，哪怕只是講工作上的一些事情，妻子也一定要聽。資訊要透明，他們認為這是彼此之間相愛的一種表現，是彼此信任的表現。然而，事實上這恰恰是不信任的表現。當然，不是說一方不能看另一方的手機，而是說如果每一個電話都是這樣，是不是多少反映出妻子心中的不安全感。

有一對夫妻到我這裡來做輔導，丈夫的工作是有一些機密性的，所以他打工作電話時是不能被外人聽見的，可是他妻子一定要聽，因為跟她丈夫對接工作的是一位女性。那位女性是已婚的，跟她的丈夫也很恩愛。但這位妻子很沒有安全感，所以她一定要旁聽。丈夫一直跟她解釋她不能聽的原因，但越不讓她聽，她就越覺得丈夫有問題，所以兩個人的矛盾一直不斷，關係非常緊張。我們可以看到，他們在婚姻中就缺乏界線。

以下幾種婚姻缺乏界線的情況，你看看是不是很熟悉。

情況一：鄧先生和他的紅顏知己搞曖昧。

鄧先生一直和外面的女性搞曖昧。要說他出軌，他身體沒有出軌；要說他沒出軌，他又花了心思在某個女人身上，經常講一些比較曖昧的話。他的妻子小玉從第一次發現後就大吵大鬧，威脅丈夫要離婚、要自殺。但他們的婚姻一直勉強維持著。小玉發現丈夫的心思不在自己身上後，非常痛苦，於是她辦了幾萬元的健身卡，又辦了幾萬元的美容卡，想要從頭到尾地改變自己，只差去整形了。她以為用各種方法改變自己，就可以挽回丈夫的心。可是鄧先生仍然和外面的人搞曖昧，每次小玉受不了的時候他就哄哄她，事情就過去了。

情況二：王律師總愛批評他的太太。

王律師是當地一家知名律所的合伙人，他在家裡動不動就批評自己的妻子，不管妻子做什麼都要批評她。比如，他覺得妻子很胖。王太太身高一百六十八公分，體重五十二公斤。其實按照標準來說，王太太一點兒都不胖，但是王律師就喜歡批評她胖。而且，因為王太太一直在家裡照顧孩子，王律師還嫌她沒見過世面。除此以外，他還會指責王太太皮膚不好，就連在性生活的時候，他都會驕縱地對妻子說：「我可以對你為所欲為，只要我高興。」在王律師看來，妻子在這個家裡的價值就是伺候他，讓他開心，照顧好孩子和家裡的大小事。

情況三：購物狂張太太總是瘋狂買買買。

張太太家境並不富裕，她的先生很努力地賺錢養家。張太太在家帶孩子，但是她有一個問題，就是不停買買買。比如說她照顧孩子照顧累了，她就開始買東西。她躺到床上睡覺前又開始買東西。所以，原本他們有換房的計劃，可是這個計劃只能一拖再拖。張先生工作越來越努力，賺的錢也確實越來越多，但是家裡的存款並沒有因此增加。他每一次和太太說起這個事情的時候，太太就會說：「你每天都忙著賺錢，我自己一個人帶孩子那麼辛苦，我只有花錢才能消解心中的鬱悶。」

以上三種情況，都是在婚姻裡沒有界線的典型表現。實際生活中，我們都遇到過或者是聽到過類似的情況。我在做婚姻輔導的時候，也遇到過很多類似的案例。

婚姻中如果沒有界線，並且長時間如此，就很容易發展成上述境況。

比如第一個案例，鄧先生之所以可以一直跟其他女人搞曖昧，是因為妻子小玉一直都在用自己的方式與丈夫博弈，可是她並沒有給丈夫設立界線，也沒有給出後果。當第一次發現丈夫跟其他女人搞曖昧時，小玉的表現是大吵大鬧，威脅丈夫要離婚、要自殺，後來被丈夫哄了幾句，就不了了之。後來小玉開始健身，通過美容來改變自己，想要挽回丈夫的心。

然而，這些做法都沒有切中要害。前面我們講過，怎樣給對方立界線？首先，我要提出我的要求；其次，我還要告訴對方，如果對方做不到，那後果是什麼。這才叫立界線。雖然小玉很努力地去改變自己，但是自始至終，她都沒有明確地提出需要對方如何回應，她沒有對丈夫提出要求，也沒有給丈夫設立後果。

王律師和王太太的例子也是一樣。為什麼王律師敢這樣批評王太太，敢定義王太太的價值？可能是因為王太太從來沒有告訴過丈夫：你不可以這樣做，我不允許你這樣對我說話，你需要尊重我。她從來就沒有制止過他。為什麼王太太從不制止王律師不斷地貶低她？原因有很多。比如，王太太可能有自我認知的障礙，她內心可能真的相信，聽從丈夫、相夫教子、做個賢妻良母就是自己真正的價值所在。然而，她不明白婚姻當中也要設立界線。

假如王律師是我的先生，我是絕對不會允許他這樣批評我的，而且我相信他也不敢這樣對我。通過前面的章節，我們知道設立後果後，就一定要執行。所以我們給對方設立的後果，一定是能落地實施的。像「你如果敢批評我，我就跟你離婚」這種後果，是很難實施的。如果他下一次又批評你了，恐怕你一時半會兒也做不到狠下心跟他離婚。

張太太的例子也是一樣。張先生明知道張太太的做法不妥，卻沒有對張太太設立後果。因為張先生心裡有愧疚感，他看到張太太每天那麼辛苦帶孩子，把孩子帶得那麼好，他也沒有時間陪張太太，那她要花一點錢就花吧。他就用這樣的想法來安慰自己，而他的太太就繼續不停地花錢，他們家裡很多大的計劃就只能因為存不下錢而擱置，時間長了，張先生難免對張太太有怨恨。

所以，如果我們想要高質量的婚姻關係，就需要學會立界線。

有界線的婚姻，彼此支持又獨立

在失敗的婚姻中，往往存在兩種不健康的類型，我們來看一看。

第一種叫作失去自我型。失去自我型是什麼意思呢？簡單說，失去自我的人會認為：我的需要不重要，我的想法也不重要，我的價值和存在都是依附於你的。就像前面案例中的王太太一樣，完全為了配偶而活。如圖一所示，我不重要，「我」被縮小了，配偶幾乎把我

圖一

整個覆蓋了，我的生活都是圍繞著配偶轉。

這種情況在一些比較傳統的家庭比較常見。現在某些地方仍存在這樣的習俗，妻子把丈夫當成天，妻子連上桌吃飯都不行。丈夫是家裡最重要的人，丈夫喜歡的事情妻子就得去做，不喜歡的事情妻子不敢做。而妻子自己是沒有想法的，她的決定也不重要，她必須按照丈夫的決定去做。所以，妻子失去了自我。

第二種叫作太過獨立型。如圖二所示，兩個人分得很開，雖然他們已經結婚了，但是他們每天都不知道對方吃了什麼，也不知道對方在玩什麼、跟誰玩，也不知道對方有沒有出軌。

這種情況下的婚姻，最常見的狀態是雙方在生活和情感上完全獨立。如果夫妻雙方分居很多年，就很容易出現這種情況。所以，如果你和配偶處在分居的情況下，要非常小心，因為這很危險。或者，雖然你們沒有分居，還

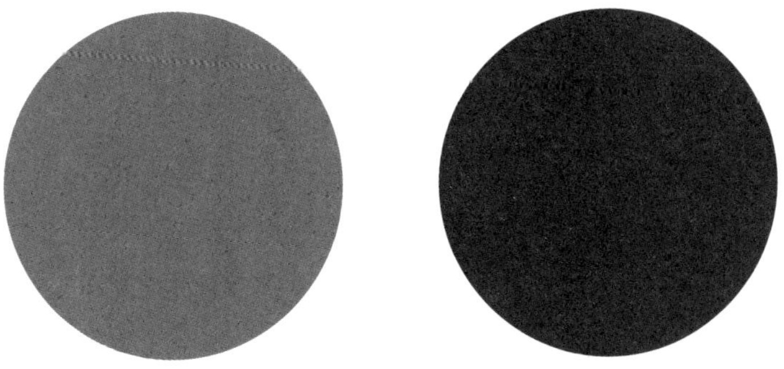

圖二

是住在一起，但是對方回來的時候你已經睡著了，對方醒的時候你早就已經去上班了。

然後你發現，你和配偶躺在床上，兩個人互相也不聊天，就是各自玩手機。就算說話，也只是說一些要處理的日常事務，比如車子要去加油了、孩子學費要交了之類的。

總之，你會覺得，有沒有配偶好像都沒關係。反正你們在生活上和情感上完全獨立，而不是互相依靠，夫妻就像室友一樣。這種婚姻從表面看有界線，但其實並沒有界線。或者說，這種界線充其量只能算是室友之間的界線，而不是婚姻關係中應有的界線。

那麼，有界線的婚姻是什麼樣的呢？從圖三我們可以看到，在有界線的婚姻中，一個人會跟他的配偶有共同的地方，比如共同的興趣和愛好，此外，兩個人在情感上是彼此聯結的。兩人既有重合的地方，同時又平等地保持了自己的那一部分獨立。

圖三

在有界線的婚姻中，雙方會花很多的精力在共同喜歡做的事情上，比如一起去選東西、一起去看電影、一起去幫助別人等。在有界線的婚姻中，即便雙方意見不同，兩個人仍然願意主動去瞭解對方的想法和觀點——哪怕我不認同你，但是我願意聽你講。同時，雙方都認可的原則是：如果你不同意我的觀點也沒關係，你不是一定得同意。同時，在有界線的婚姻中，兩人會在精神上彼此支持——你支持我，我也在你需要的時候支持你。圖中兩個圓圈疊加的部分，就是兩個人彼此支持的部分。有界線的婚姻絕對不是你過你的、我過我的，而是彼此支持、相互依靠。

所以，當聽到身邊有人說他們要分居一段時間或者丈夫經常出差很久，我都很難想象。如果讓我離開我的先生，我不太敢想。這不是說離開他我就不能生活，而是很難想象，一旦離開他，我的生活會是怎樣地割裂。在有健康界線的婚姻中，一方面，我們仍然擁有獨立生活的能力，也有各自獨立的空間，另一方面，我們不能忍受或不喜歡失去彼此的生活。這種狀態是比較健康的。

如何為婚姻立界線？

那麼，婚姻中應當設立哪些界線呢？

首先，在婚姻中要有角色的界線。

我們需要將雙方在婚姻中的角色講清楚，而不是看清卻不說明。每個人的特長是不一樣的，所以我們要按照我們的特長來分配角色，而不是說男人就要做這個，女人就得做那個。比如說，我的先生在房地產領域很厲害，因為他之前曾幫助他的父親打理，所以買房的事情我可以給意見，但是最後決定要聽他的。在這件事上我們兩個說得很清楚，雖然我時不時地想要越界，想要讓他最後聽我的，可是我需要給自己設一個界線，告訴自己適可而止，因為知道他的決定更有可能是對的，而且我們已經商量好，這件事要聽他的。而在育兒方面，我的先生可以有很多的想法、建議，我也會參考，但是我們兩個也說好了，最後的決定權在我。我會聽他的建議，是因為不管我是什麼專家，我都只是孩子父母中的一半，他是另外一半，所以我不能說「你不如我專業，在這個問題上少管」。如果我這樣講，我就越界了。他會提建議，而我需要考慮，這種配合方式其實很好，因為很多時候我們的配偶會提供很多很好的建議，只是因為我們自己太焦慮了，時常會覺得對方的建議是行不通的，所以根本不給他機會，不允許他參與進來。

我們在前面已經反覆說過，無論在什麼關係中，立好界線，分配好角色，都有利於建立健康的關係。在婚姻關係中也是如此。

像上文提到的，有些妻子會扮演媽媽的角色，而扮演媽媽的妻子會無微不至地照顧丈夫，甚至干涉丈夫的事情。很多妻子會很自豪地說，她丈夫從來不需要操心自己穿什麼，因為都是她在管，她每天都會幫丈夫準備好衣服，而她的丈夫連自己的衣服放在哪裡都不知道。妻子因此很得意，因為她認為這是她丈夫依靠她的表現。然而，這並不是一種健康的關係中應該出現的情形。為什麼這麼說呢？因為在婚姻中，丈夫是成年人，妻子也是。所以婚姻關係和親子關係是不一樣的。我可以提供意見，但是最後要讓對方自己去管理好自己的個人事務。

比如我其實不太喜歡我的先生玩太多樂高，我家的櫃子最上面一排全是我先生組好的樂高，地下室裡還有很多。我的先生以前會問我，他可不可以買某款樂高，我就會告訴他：「我不是你媽，這個問題不用問我，因為你也在賺錢，我也在賺錢，你有控制家裡財務的能力和自由。」當然，很明顯他買得太多了。但是我寧願他買多，也不願意自己像他媽媽一樣管著他。

後來，我們就開始就此事設立界線，討論他每年可以花多少錢購買樂高產品。我們共同制定了一個家庭經濟預算，然後讓他來規劃，其中包括購買樂高的預算。為了對這個財務規劃的角色負責，他會在買樂高的預算上給自己一個限制。這就是界線帶來的益處。

其次，在婚姻中要有隱私的界線。

婚姻中還需要隱私嗎？這個話題經常被拿出來討論，在很多綜藝節目上還會就這個話題發起辯論。比如，妻子該不該看丈夫的手機？在這個問題上，其實人和人的看法是不同的，有些人比另外一些人更看重隱私。

齊朗和雨馨是一對性格迥異的夫婦。妻子不是很看重隱私，腦子裡想什麼就說什麼，而她丈夫是習慣把很多想法都留在心裡的人。這就意味著，丈夫不說話的時候，或者他需要花更長的時間來處理這些資訊的時候，他希望妻子不要給他壓力，不要認為她那麼坦誠，對方就需要和她一樣。妻子自己什麼都說，不代表丈夫也要什麼都跟妻子說，因為婚姻中要有隱私的界線。

這裡我想問一個問題：你知道配偶的手機密碼、提款卡密碼嗎？其實，在這個問題上並不存在一個正確答案。重要的是，不管你做什麼樣的選擇，你選擇要或不要知道對方的密碼，你們雙方都應該清楚地把隱私的界線立好。比如，我有你的手機密碼，但是我們之間就此立好界線，我只在緊急情況時才會打開，絕不會平時隨意打開。提款卡的密碼也是一樣的，你們需要討論並設立界線。

再者，在婚姻中還需要時間的界線。

比如，丈夫下班回家需要一些自己的時間，那麼妻子可以允許他先休息半個小時，或者讓他先去洗個澡。再比如，如果丈夫習慣早睡，晚上十點睡覺，而妻子習慣晚睡，要到凌晨兩點才睡，那麼兩人就可以找一個彼此都能接受的時間睡覺，比如可以一起坐下來，商量是否可以調整到晚上十一點半睡。又比如，除了緊急情況以外，對方工作的時候不要去打擾，等等。這些都是婚姻中需要在時間上設立的界線。

在這個方面，夫妻雙方都要退讓、磨合。磨合不是磨到最後放任自流，而是從一開始你有你的習慣、我有我的習慣，可是漸漸我們要一起把它們變成兩個人共同的習慣，把我們各自的文化變成屬於我們雙方的第三種文化。

我認識的一對夫婦就經歷過這個過程。他們夫妻是雙薪家庭，妻子在工作時間上比較靈活，所以回到家就很想跟丈夫聊天，說說一天發生的事情。而丈夫是做生意的，他一回到家只想擁有一些屬於自己的時間，先洗個澡，然後在書房坐上二十分鐘。可是這個時候，妻子常常會抱著孩子進去跟他聊天。遇到這種情況，丈夫有時就會發脾氣。當他們來找我做婚姻輔導的時候，我幫助他們制定了時間界線：丈夫回家後的半個小時是屬於自己的，跟妻子和孩子打了招呼以後，他就可以到地下室自由活動。這段時間他要定好鬧鐘，半個小時以後，妻子不用催他，他自己就會上來。這樣制定界線之後，雙方都很高興。因為妻子知道，丈夫休息之後，就會來和家人擁抱、聊天、陪孩子，她就覺得很有安全感；而丈夫也很有安全感，因為他知道回到家後，他有不被打擾的休息時間，在這半個小時裡他可以完全放鬆，不需要跟誰說話，可以好好調整自己。

在這裡，我們再次看到，界線不會讓關係疏離，而是讓關係更親密，因為它會讓雙方都更有安全感。

最後，在婚姻中需要有情緒的界線。

情緒上的界線很重要。我們設立情緒界線，是想告訴對方：我希望你怎麼對待我。每個人都有自己的情緒敏感點，比如我特別不能忍受別人翻白眼。也許是因為我小時候經歷過這方面的創傷，所以每當我先生翻白眼，我就容易情緒失控，於是我告訴他：「不管怎麼樣，我不希望你在我面前翻白眼。」而我的先生是絕對不允許我破口大罵的，所以他對我立的界線是不准我在跟他吵架時破口大罵、說侮辱他的話。要設立情緒界線，我們要非常清楚自己的敏感點。作為一個成年人，我們不僅需要知道自己的敏感點，而且要事先告知對方。比如：

我做錯事你可以批評我，但你不可以當著朋友的面嘲笑我、諷刺我；還有，我們怎麼吵架都不能提離婚，但是只要你有外遇或者家庭暴力，我就可以提出離婚。這些是我和我先生之間的情緒界線，我們會先講清楚界線在哪裡，後果是什麼，以防止這些情況發生。情緒上的界線會帶給我們安全感。

情緒界線包含很多內容。比如，愛表示無條件地接納對方，但並不代表對方可以要求我無條件地犧牲自己，來服務他、滿足他。因此，這裡就需要設立界線。

再比如忠誠。我們需要雙方一起來定義何為「忠誠」。不忠是指身體上的出軌，還是也包括在網路上與異性調情？我們怎樣為忠誠立界線？對此，夫妻雙方可以有不同的看法，但是我們一定要討論。

再比如誠實。誠實可以讓人在婚姻中更有安全感，不誠實會讓人感到害怕、嫉妒、不信任、不被尊重。我們怎麼來為誠實立界線？

又比如性。我們不想發生性關係的時候，可不可以不發生？

以上這些都需要我們去思考和設立界線。在婚姻中，一般我們會在某些方面做得很好，某些方面做得不好。你可以思考一下，在你們的關係中，哪些地方做得好，哪些地方做得不好。做得不好的地方，就拿出來和配偶一起商量、討論。

根據本章內容，你們可以一起總結出需要更好地立界線的地方，並嘗試設定界線。如果你們是剛剛開始學習設立界線，一般一次三到五條就好，以後可以慢慢增加和建立。如果你們已經很有界線意識，就可以稍微多加一些。

最後我想說，婚姻的重要性在當今時代真的被低估了，甚至被忽視了。我們低估了婚姻對我們情緒的影響，也嚴重低估了婚姻對孩子的影響。

我在團體輔導中做過很多期婚姻輔導。來參加輔導的人一般都是三十多歲、四十多歲或五十多歲的人，他們在回想起原生家庭的時候，還是會想到他們父母吵架、打架或者是冷戰的樣子。父母關係是否和諧，真的會深深影響孩子的情緒與認知。

我從來沒有見到一個家庭，父母的婚姻是健康的，而他們的孩子卻非常糟糕。當然，這個孩子有可能成績不好，也有可能出點小問題，比如跟同學打架，但是他不會處在一個非常糟糕的狀態，比如染上毒癮，或是對家庭充滿仇恨，或患有嚴重的心理疾病。所以當我們的婚姻幸福美好的時候，我們整個人的情緒也很健康，家庭關係也會比較和諧。

我衷心希望，每對夫妻、每個家庭，都可以因為有界線的保護而更加幸福。

和父母「劃清界線」才能真正成人

CHAPTER

07

與父母立界線一直是一個很沉重的話題，因為很多人不會也不願意和父母立界線。對他們來說，這是一件很可怕的事情。有時我們不喜歡自己的父母，因為他們經常批評我們，做一些讓我們覺得被冒犯的事情，可我們就是沒有勇氣和他們立界線。

我們對界線的認知從童年時候就可以被建立，如果我們成長於一個有界線的家庭，父母都有健康的界線意識，那麼我們對界線的認知就能在成長過程中慢慢被建立起來。可是，遺憾的是，在大部分情況下，我們的原生家庭往往沒有健康的界線，所以我們對界線的第一認知是非常混亂的。

原生家庭的三種類型

原生家庭可以分為三種類型：混亂型、疏遠型和清晰型。

混亂型原生家庭

你可以把這樣的家庭想象成一盤義大利麵，各種醬、麵和食材混在一起，家人之間基本沒有獨立性。每一個人都覺得自己要為其他家庭成員的情緒和行為負責，每一個人的情緒和行為也被其他家庭成員所影響。在這樣的環境中，我們很難管理個人情緒。因為某個家庭成員做任何一件事，其他人都可以干預。

依然的丈夫有一個大家庭，所以當她懷孕的時候，因為她肚子裡的孩子是家族第三代的第一個孩子，婆家的人甚至對買什麼顏色的嬰兒推車都發表了意見，每個人都選了不同的顏色，最後一家人通過投票決定了嬰兒推車的顏色，並告訴依然的丈夫，丈夫又轉告了她。對此，依然非常受不了，隨之就引發了一系列的問題。我們可以想象，原生家庭如果是混亂型家庭，我們的生活會受到各方面的破壞，婚姻關係、親子教養也會遇到很多麻煩。

疏遠型原生家庭

這種類型的家庭也很常見。在這種類型的家庭中，家庭成員彼此之間的關係比較疏遠，家裡也不鼓勵大家抒發情感或是進行精神交流，溝通時只講事情或討論問題本身。因此，如果你在這樣的家庭長大，你可能會感覺記憶中爸爸、媽媽、兄弟姐妹都在，但就是想不起什麼很溫暖的場景。

混亂型家庭和疏遠型家庭有可能是並存的，也就是說，家裡成員彼此之間都覺得要為彼此的情緒負責，每個人之間的關係都比較混亂複雜，同時彼此之間又很疏遠。遇到問題時一家人似乎能聚在一起討論，但大家不會表達情感，除了討論事情，基本沒有交流。當這兩種類型交叉混合時，就更可怕了。

清晰型原生家庭

這種家庭是有健康界線的家庭，也是最值得推崇的家庭類型。這種家庭的家庭成員之間既彼此關心，又尊重彼此的界線。每個家庭成員都知道，自己要為自己負責。這樣的家庭允許每個人有不同的聲音、想法、意見和行為方式，父母不會因為自己的憤怒而控制孩子，也不會把自己的憤怒發洩到孩子身上，更不會讓孩子感到他要為父母的憤怒負責，從而產生罪疚感。在清晰的界線之下，家庭成員間擁有很好的情感連結，與此同時每個人依然是獨立的個體。

這是理想中原生家庭的類型。

為什麼跟父母立界線那麼難？

在瞭解了三種原生家庭模式後，我們要分析一下：為什麼和父母立界線那麼難？

首先，我們已經形成了缺乏界線的「內在聲音」。

小時候我們常常聽見的那些話，都會直接或間接地成為我們的內在聲音。隨著年齡的增長，它們逐漸會成為一種潛意識。

李晟小時候如果走路摔倒了，他的爸爸就會劈頭蓋臉地把他打一頓，一邊打一邊說他怎麼那麼笨、那麼蠢，責怪他走個路都會摔倒。結果他長大之後就用這些話來指責自己。在輔導過程中他分享，有一天他差一點又摔倒了，他立刻感覺很憤怒，認為自己是個笨蛋。當時他腦子裡出現很多這樣攻擊自己的話，而正好在那段時間我讓他記錄他的內在聲音，他就把這些記錄了下來。

如果我們的原生家庭缺乏界線，我們從小經常聽見一些越界的話，就會形成缺乏界線的內在聲音。這種聲音往往會讓我們產生負罪感。比如，如果你小時候經常聽到父母對你說「我們之所以不離婚，都是為了你」，這樣的話經過內化後，就會變成你自己的聲音，你會為此持續地感到內疚、自責。又比如，父母離婚了，媽媽可能讓你去找爸爸要生活費，但是要生活費本來應該是父母之間的事情，讓孩子去承擔就會帶給孩子心理負擔，並讓家庭關係更為混亂。

你可能還會聽到類似這樣的一些話：

「你奶奶這種女人，又潑辣，又沒有教養。」

「你是我生的，你洗澡我怎麼不能進來？你是從我肚子裡面出來的，你出來什麼都沒穿我都見過，你洗個澡還害羞什麼？」

「我們家就指望你了，你要爭氣，你去學心理學，別人都以為你跟瘋子打交道，我們的臉往哪裡放。」

「我為你付出這麼多，你這樣做對得起我嗎？」

這些話我們或多或少聽過，隨著時間的流逝，它們變成了我們的內在聲音。當我們想要和父母立界線的時候，諸如此類的聲音就會跳出來，讓你自覺慚愧，覺得自己對不起父母，於是就不敢和他們立界線了。

其次，傳統觀念會阻礙我們與父母立界線。

在傳統觀念上，我們認為和父母立界線就是不孝，父母是長輩，我們怎麼可以為難父母呢？其實這些傳統的觀念不完全正確。和父母立界線並不代表不孝。

我在團體輔導中會告訴大家，我們要清楚在原生家庭中我們究竟受了什麼傷。有的人不能接受，他們覺得，原生家庭已經不能再改變了，為什麼還要為難父母？這其實是一種誤解。

我們尋找原生家庭的問題，並不是要定罪我們的父母，而是要搞清楚：為什麼我今天會有這些焦慮的情緒，會有這些不健康的行為？究竟是哪一個環節、哪一件事，讓我有了這樣一個傾向，我們只是為了更好地認識我們自己。

跟父母立界線也是一樣，這並不是說我們要控訴他們，要和他們斷絕關係。每次立界線都是為了梳理應該梳理的關係，包括我們與自己的關係、與配偶的關係、與孩子的關係，當然也包括與父母的關係。

而且，跟父母立界線，很多時候是對父母有益，恰恰是孝順的表現。我跟我媽媽立好界線之後，如果我請她過來幫我帶一下孩子，她說她要出去旅遊，我也會同意。我不會讓她覺得，她對不起我。我不會對她說：「許多人的父母都在幫兒女帶孩子，你怎麼不過來幫我？」有界線表明我尊重她的選擇。

反過來，不跟父母立界線，並不代表著孝順。今天很多「啃老族」，自己不賺錢，還揮霍父母的養老錢，這是沒有界線的後果。很多人生了孩子，讓孩子的爺爺奶奶、外公外婆帶，使得長輩非常疲憊，而自己甩手出去玩、看電視、喝下午茶，這也是沒有界線所致。難道這是孝順嗎？不是的。

對於「父母是長輩，我們不要為難長輩」的觀點，我想強調，立界線從來都是我們自己的事情，我們並沒有為難父母，但是我們要知道自己需要什麼。所以，不要覺得立界線是要求我們的父母改變什麼，其實他們可以選擇不改變，我們也尊重他們的選擇，只不過，我們也會給出相應的後果，因為我們不想被更多地傷害了。所以，我們並沒有為難父母。

與此同時，我們也不能為難自己。為什麼不能委屈自己？因為這樣才能保持雙方的關係健康且長久。現在我們常看到這樣的情況：父母因為常說某些話傷害兒女，兒女很難受，但兒女既不能也不敢跟父母立界線，只好選擇隱忍，忍到最後在某天突然爆發，用一種極其激烈的方式進行溝通，甚至大吵一架，兩敗俱傷；或者是，兒女用更隱蔽的方式發洩不滿，比如，既然父母連怎麼教孩子也要管，那乾脆就讓父母來教，反正最後累的是父母，自己樂得清閒。不跟父母立界線，一般會導致上述兩種情況發生，事實上這對父母來說是更難受的。

如果你還是覺得跟父母立界線會傷害關係，那麼，難道不跟父母立界線就不會傷害關係嗎？我們看到當下社會中多少父母與子女的關係是糾纏不清的，身處其中的很多人都痛苦不堪。我記得有一篇熱門文章——〈父母在等孩子說謝謝，孩子在等父母道歉〉，這在一定程度上反映出當下親子關係的現狀。這樣的親子關係傷痕累累。父母等不到一句「謝謝」，心裡特別受傷，為什麼呢？因為父母也不會提要求，不會直接說：我為你做了這麼多事情，我希望你能夠向我表達你的謝意，否則我就不會再幫你。父母會覺得不能那樣說，因為自己的孩子，肯定是要無條件幫忙的。他們認為無條件的愛就代表無條件的犧牲，這其實是非常錯誤的觀念。而對孩子而言，他會覺得父母有些言語傷害過他，應該跟他道歉，只不過他會覺得讓父母道歉實在太不孝了，會讓父母難堪，所以也沒有說出來。於是，雙方都把問題掩蓋起來。看上去好像不說就沒關係，但是我們如果不說，這個關係就會越來越扭曲。

再者，童年記憶讓我們很難與父母立界線。

在童年記憶中，我們往往是幼小、軟弱的。如果我們的父母不會立界線，也不同意立界線，當我們想要立界線的時候，我們會被傷得更深。所以，長大之後我們就會害怕立界線，更害怕與父母立界線，為什麼？因為每當我們想要立界線的時候，記憶就會提醒我們：你以前立界線的時候受傷了，所以你不會成功，之後你會被傷害得更深。

前面我提到盼盼（FBI成員）的例子就是如此。童年的記憶深深地籠罩著她，所以每當她爸爸走近一步，她就彷彿回到小時候，呼吸變得急促，全身都是汗，非常害怕。童年的記憶會削弱我們現在的能力，哪怕我們現在已經有能力保護自己，童年的記憶也會挫傷我們的自信。

家庭暴力也是一樣。你第一次反抗的記憶會控制你，告訴你：如果反抗，你會被打得更慘。所以逐漸地，我們就會形成習得性無助。我可以用一個實驗來解釋習得性無助：把一條鯊魚放在一個很大的魚缸裡，然後再把魚缸放入海洋，鯊魚看到魚缸外的海洋，試圖游出去，但是它發現自己無法逃脫，於是很憤怒地撞擊魚缸。可是，多次嘗試之後，它發現自己根本逃不出去。久而久之，它習慣了只在魚缸這片水域裡游。這時，實驗人員悄悄地拿走了魚缸，結果發現：這條鯊魚明明已經可以自由地在海裡游了，可是它仍然每次游到原來的邊界就折返回來，不會繼續往外游。因為過去的經驗已經使它深深地「習得」了一件事：自己是無助的，是衝不過這條界線的。這就是習得性無助。

童年記憶對我們造成的影響也是一樣的。我們已經「習得」了一件事：在面對我們父母的時候，我們是無力反抗的。但其實，那時我們是孩子，我們要依靠父母生活，所以我們無力反抗，現在我們已經獨立生活了，那個「魚缸」已經被拿掉了，我們卻失去了反抗的信心。

再者，阻礙我們與父母立界線的是，我們知道什麼是錯的，可是我們不知道什麼是對的。

很多人不喜歡父母對待自己的方式，但也沒仔細想過應該怎麼做才好，所以，當他們自己做父母時，他們會說「我絕對不要像我爸媽那樣做父母」，但他們不知道到底應該怎樣做父母。

那些曾經被父母打過的孩子，自己做了父母之後會認為絕不應當打孩子。當然，我雖覺得不隨便打孩子是對的，但如果沒有系統地學習，他們這麼做只是因為他們不想像父母一樣，這個動機和目的仍是錯的。大部分情況下，這樣反向操作會讓我們走到另一個極端，變成只要是自己父母做的，我們就堅決不做，哪怕是對孩子的合理管教也會因為我們自己的「叛逆」而被忽略，最終仍然對孩子造成傷害。

比如，鄭俊從小被家長打，所以，他自己有了兒子後，因為被過去過度管教的陰影籠罩，他走到另一個極端，堅決不管教自己的孩子，最多就是輕描淡寫地說幾句。結果，他的兒子在十五歲那年和別人打架，打瞎了對方一隻眼睛，被關進少年管制所。這就是為什麼我一再說，我們不僅要知道什麼是錯的，還要知道什麼是對的。

最後，擔心引發不必要的麻煩也會阻攔我們與父母立界線。

很多孩子和父母之間的關係本來就是勉強維繫，他們不想花更多時間和精力在維護和父母的關係上，所以努力做到維持平靜就好。如果現在讓他們跟父母立界線，他們就會害怕好不容易維持的平靜關係再起波瀾。

我一直覺得很遺憾的是，我們和父母本應彼此相愛，卻因為沒有處理好關係，常常落到一直想要逃離父母的地步。前面講過，很多時候我們愛父母，但並不喜歡他們。愛是源於血緣關係，但是很可能我們一點兒都不喜歡父母，所以不能跟他們住在一起，或者不能長時間住在一起，時間長了我們彼此都受不了。

你有沒有發現，每逢過年回家，剛回去的時候你會很高興，但是住兩天後就覺得不那麼高興了，恨不得趕緊回到自己的家。這是因為，我們既愛我們的父母，但是同時又不能長時間與他們在一起。我們腦海中可能有一些不好的回憶在提醒我們：不可以與父母長久親近。因為我們沒有與他們立界線，所以這樣的關係對我們而言是危險的，我們沒有安全感。他們還是可以任意地批評我們，隨意評價我們的配偶、孩子，評價我們教育孩子的方法，甚至評價我們的工作、薪水、房子、車子。在這種情況下，我們自然想要遠離他們。

如果我們一直讓自己沈浸在表面平靜的假象中，就沒有辦法來面對真相、拆掉錯誤的東西。這樣，我們也沒有辦法重新建立一段我們真正想要的、健康的感情和關係。但如果我們選擇建立界線，表面和諧的假象會被撕破，真正健康的關係就逐漸建立了。

下面這個案例可以很好地說明問題。案例中的母女關係表面上看起來挺好，但是到最後你會發現，她們自以為「好」的關係也只是假象，只要發生一點點衝突就會導致關係完全崩潰，彼此心裡深藏多年的痛苦和積怨全都會浮出水面，這個關係其實已經千瘡百孔了。

這段對話來自電視劇《以家人之名》，對話的雙方是一對母女：

女兒：「媽，你能不能不要一直否定我？從小到大，除非我考第一名你才會給我肯定，

其他時候你全在否定我，我吃飯點菜你否定我，我穿衣服你否定我，我工作，我上班，我談戀愛，什麼你都要否定我。」

母親：「我那是否定你嗎？我那是為你好，關心你。」

女兒：「我不需要。你這樣的關心根本就不是我想要的。」

母親：「你有點良心，我為你辛辛苦苦地付出了這麼多，我讓你吃好穿好，我給你提供好的學習環境，你現在跟我說這都不是你想要的，不是你想要的，我問你的時候你幹嗎去了？」

女兒：「你有問過我嗎？你尊重過我的意見嗎？你嘴巴上說的是民主，可是你本質上就是專制。」

母親：「當初你要搬到這來我就不該同意，你看看你現在，你跟這些好姐妹都學了什麼？說謊，說大話，頂撞大人，你還喝酒。」

女兒：「你說我就說我，說我朋友幹嘛？」

母親：「怎麼了？我不能說嗎？我說錯了嗎？你以前是這樣嗎？你明天就給我搬回家裡去住，好好地準備你的公務員考試。」

女兒的朋友：「阿姨別生氣，生氣時候說的話都不能當真的，冷靜一點，冷靜一點，你們都冷靜一點。」

女兒：「媽，你從來都不瞭解我，我本來就是這樣的，我一直都是這樣，我從小最擅長的就是撒謊。你一直想要一個乖女兒，你不讓我做的事情，我在你背後，偷偷地我全做了，你知道為什麼我高考比模擬考少考了五六十分嗎？因為我故意少填了一張答題卡。」

母親：「撒謊。」

女兒：「我當時沒有別的辦法了，因為我知道我只要分數夠了，你一定讓我報政法大學，所以我選擇了最蠢的辦法，我一定要當記者，我一定要去北京，我一定要去外面看看世界，我一定要去摔跟頭，我一定要去吃苦，我要看看我自己到底能奔成什麼樣子，我不會再聽你的話了。」

從上面的案例我們可以看出，這真的是非常遺憾的一件事。這個家庭因為界線的缺失，孩子為了反抗和逃避她的媽媽，不惜在高考的時候少填一張答題卡，做了這麼大一件可能會改變自己命運的事情。這就是沒有界線的危害。希望這樣的遺憾不會發生在我們的身上，不會發生在我們的下一代身上。

如何與父母立界線？

現在，我們知道了跟父母立界線十分艱難的原因。這些阻擋我們立界線的原因都是非常真實的，也是很可怕的。但是，按照以下幾個步驟來，我相信你是能夠跟父母立好健康界線的。

第一，要梳理界線。

簡單說，梳理界線是指我們先要搞清楚我們的父母在哪些地方越界，這樣我們就知道在哪些地方重新建立界線。每一個家庭中父母越界的地方都不一樣，但是大致包括以下幾個方面：

在語言上，父母很容易越界，比如說話不尊重孩子，一見面就批評孩子這兒不好、那兒不好。前面講過，我媽媽以前一到我們家，剛進門，一邊脫鞋一邊就開始批評。她可能是心疼我，也可能是習慣了這樣跟我說話。她看不到我們家房子很漂亮，裝修得很漂亮，裡面的沙發也很漂亮……她滿眼都是不好的地方。這是習慣性越界。一個人來到別人家來，一直說別人家不好，這是越界的行為。

結婚之後，很多人為什麼處理不好婆媳關係？因為很多婆婆會介入小夫妻的關係，打擾小夫妻的生活。你會不會把自己家的鑰匙給公婆或是自己父母？如果給了，意味著他們可以隨時隨意進出你的家。我想說的是，除非他們和你們住一起，否則盡量不要給鑰匙。你如果要放備用鑰匙，寧可放在朋友家，都不要放在父母家。因為朋友基本上不會突然進入你家，但父母有可能會。不打招呼就登門，是越界的行為。小倆口吵架，父母就總是想說兩句，這也是越界。

在育兒方面，有許多父母會越界來教自己的兒女怎樣帶孫子孫女。不同的教育理念常引發矛盾。如果你天天讓父母來幫你帶孩子，好像他們才是你孩子的父母一樣，那麼，當你告訴他們要尊重你的界線，他們就會很難接受。所以，立界線是要付出代價的，不要以為可以坐享其成。很多人既希望自己的父母像傳統的中國式父母那樣為他們犧牲一切，又希望父母像西方父母那樣讓他們更獨立，但這兩者不可能兼顧，所以每個人都需要做出選擇——如果你選擇要一個健康的家庭，那麼你一定要在家裡立好界線，且要付出代價，你自己可能會很辛苦。

在經濟方面，我們容易允許父母越界。比如，我們要買房子，可能會找他們要錢。但是，經濟上如果不獨立，我們就很難與父母劃清界線，所謂「拿人手短，吃人嘴軟」，經濟獨立才是真正的獨立。所以，如果我們要立界線，在這些方面一定要劃分清楚。

我和我先生在經濟和育兒方面達成的一致是：我們的經濟能夠承擔多少，就做多少事情，不向父母伸手；孩子我們自己帶，不要父母幫忙。這樣，當公公婆婆跟我們說怎麼帶孩子的時候，我的先生會告訴他們：「謝謝你們的好意，這些事情我們自己知道怎麼處理，你們不用管。」我們有底氣講這話。相比因為沒有界線而帶來的糾紛和痛苦，自己帶孩子的辛苦完全是值得的。

以上這幾個方面都是父母比較容易越界的地方。

第二，要梳理我們的原生家庭。

在心理學領域有一個詞可以用於描述家庭關係，叫三角關係。也就是說，父母中的一方常常會對孩子說另一方的壞話，或者是把孩子扯進父母的矛盾中。比如，母親對孩子說：「你去找你爸要生活費！」或者是：「你爸這個人，壞得很！」諸如此類，原本都是兩個成年人之間的事情，結果把孩子扯進來了，就形成了三角關係。

我想請你思考以下三個問題，以幫助你梳理原生家庭。

問題一：我們家最大的界線問題是什麼？

問題二：有多少人參與到這個界線問題中來了？

問題三：我在其中扮演了什麼樣的角色？

第三，挑戰內在聲音。

前面講過，那些讓你覺得自己非常有罪惡感的聲音，會讓你無法邁出與父母立界線的第一步。這種情況下我們怎麼辦？不妨試試以下幾個辦法：

第一個辦法：事實檢驗。

所謂事實檢驗，就是分辨這些內在聲音是否正確。比如，如果你的內在聲音告訴你：你很無助，你做不了什麼，你抵抗只會被打得更慘。這時你可以反問：我還像小的時候那麼無助嗎？如果現在我說小的時候說過的那句話，比如，我現在跟爸爸說「不要打媽媽了」，我還會像小時候那樣被傷害嗎？也許小時候說了這句話，爸爸轉手過來就給了你一記耳光，然後繼續打媽媽。當時你「習得」的是：如果我要立界線，我是會被打的。可是現在，如果你再說這句話，他還敢反手給你一記耳光嗎？或者說，如果他還要打你，你是像小時候那樣被打，還是你可以抓住他的手、不允許他再打你？你看，你現在完全有力量抵抗了。這是在挑戰我們內在的聲音。

第二個辦法：尋找界線的榜樣。

你可以找身邊一些年長的朋友或者很有界線感的朋友，一起來做角色扮演練習。這在心理輔導中也是很重要的方法和工具，我經常和我的學員做角色扮演練習。

楊剛每年回家都很痛苦，因為他的父母控制欲非常強。他已經很大了，可是父母還是喜歡控制他。他一直想要與他們立界線，可是不知道該怎麼辦。所以，我們在感恩節前兩個月，就開始反覆做角色扮演練習。每一次輔導，我們只做一件事情，就是角色練習：他扮演他母親，模仿他媽媽平時說話的樣子跟我說一句話，而我扮演他，回他一句話，然後他就能明白界線原來可以這樣立起來，他就從我身上學習怎麼立界線。從我們的互動中，他學會了建立健康界線的方式，這是他以前不熟悉、不知道的。在這個方式中，他用新的、有界線的對話溝通方式覆蓋了舊的、沒有界線的恐懼記憶。

有時候，我們也會交換角色進行練習。我扮演他的媽媽，然後跟他說一些控制欲很強、會讓他產生罪惡感的話，他來練習怎麼回應。有時他會說：「不對，等一下，這個回應不好，我要重新來。」角色扮演練習會給他很多試錯的機會，他可以反覆修改，直到把對話練習到最好、最合適狀態，這個記憶就會漸漸固化，下一次遇到類似的情況就知道怎麼回應了。

第三個辦法：建立起安全的團體。

我建議你從身邊挑選幾個不會論斷你的行為，並且能夠理解你、願意支持你的人。告訴他們，你在練習立界線，需要這樣的一個群體來支持、接納你，幫助你做練習。因為在設立界線的時候，有可能你會很痛苦，有可能不是所有人都能接受。在這種情況下，你就可以退到安全的團體裡去療傷。比如，你今天立界線失敗了，很沮喪，這時候你可以回到這個安全團體裡，讓大家來幫助你、安慰你、鼓勵你、支持你。

安全的團體是非常重要且必要的。有時候我選擇用團體輔導的形式，也是出於這個原因——讓一群人一起來分享、傾訴、療癒、成長。最後要結束的時候，大家都捨不得分開，因為這個團體變成了他們的安全港灣。

我記得很清楚，某期團體輔導中的一個成員，她是中國一所知名大學的老師。她的媽媽是一個極度強勢的女人，從小就不准她頂嘴，很多時候她明明是被媽媽誤會，想要替自己發聲，但她媽媽會生氣地說：「不准狡辯。」就這樣，她為自己說話的勇氣被媽媽奪走了。在我的團體共進營裡，她和大家分享了這一點，朋友們一下子就群情激憤，紛紛支持她和媽媽立界線。在大家一同打氣後，她終於鼓起勇氣告訴媽媽：「我有說話的權利，更有解釋清楚的權利，你沒有資格要求我放棄我的權利，我不允許以後我為自己說話時你總是壓制我。」令人驚訝的是，她原本以為場面會很尷尬，但是當她站起來立界線時，她很順利地就把當初被奪走的勇氣奪了回來。

最後，我還是鼓勵你，讀完這一章內容後，一定要鼓起勇氣去練習。越練習就越勇敢，你就越容易輕輕鬆鬆地立界線。反之，如果你不練習，你就會越想越害怕。我們需要把學到的東西落實在行動上，理直氣壯地跟父母立界線，這樣我們和父母的關係會更加健康。

培養獨立自信的孩子
離不開界線

CHAPTER 08

很多家長都會為與孩子之間的界線問題感到掙扎和糾結，正如我們之前提及的關於界線的迷思，我們會認為，如果我愛孩子，就不應該和他立界線。或者，有的家長會說，我知道應該有界線，可是我不知道該怎麼立界線，我不知道這樣做對不對。相信你讀了前面幾章後已經有點把握了。

有邊界感的孩子，更自信更有力量

為什麼我們要給孩子立界線？

第一，缺乏界線往往會扭曲孩子的自我意識。

自尊和自戀是有很大區別的。自尊是尊重自己，不向別人卑躬屈膝，也不容許別人歧視、侮辱；而自戀是自己愛戀自己，是自視過高的表現。沒有界線往往會在孩子生命中撒下自戀的種子。而且，父母如果不給孩子立界線，那就等於是在鼓勵孩子讓周圍所有的人、事、物來滿足他的需要，並且為他提供一切他想要的東西。當沒有界線、沒有紀律的孩子不能得到自己想要的東西時，他往往會變得非常暴躁，進入學校和社會難免出現很多情緒方面的問題。

如今，我聽到很多父母分享，他們的孩子或者是朋友家的孩子非常粗暴，父母根本不敢管。孩子會在家裡砸東西甚至打人，父母嚇得不得了，卻不敢和孩子說不，因為說了怕他不高興。這就是沒有給孩子立界線導致的，以至於孩子並不知道這些行為其實是不被接受的。

說說我最近遇到的一件事。之前，我幫了一個年輕人很大的忙。大概過了一年，當初我幫忙的那件事情進展並不順利。由於他是一個沒有界線感的年輕人，他反過來怪我，怪我當時幫了他。我就提醒他，當初是他請我幫忙的，但他完全不理會，還說是我強迫他那麼做的。於是，我告訴他：「我不允許你這樣來操控我，也不接受你這樣不公平地指責我。如果你希望我們的友誼繼續下去，你必須向我道歉。如果你不向我道歉，我以後再也不敢幫助你了，因為我不知道什麼時候你會顛倒是非黑白反咬我一口。」這個時候我就給他立了一個界線，因為我不允許他這樣對我。

所以，如果一個孩子認為所有的人、事、物都是為了滿足他的需要而存在，那麼他就不太會去尊重別人，也不會替別人考慮，會非常自我，一切以自己的喜惡為標準，遇到不順心的事只會指責身邊的人，而不會反省自己。

第二，跟孩子立好界線，會減少吵架的次數。

界線一旦確立，我們就可以免受孩子的頂嘴和堅持己見。設立界線並不意味著你的孩子馬上就會聽你的，或者他會立刻乖乖照做。他一定想要鑽漏洞，去做那些你不讓他做的事情，不斷地試探你的底線。所以，設立界線並不代表我們能夠控制孩子的行為。但是如果孩子知道界線是什麼，並且時常被提醒界線在哪裡，那麼在他們嘗試要越界的時候，至少會減少你處理問題的時間。為什麼呢？因為你不需要再跟他來來回回地講道理說服他，而且孩子也不會試圖說服你，因為他很清楚地知道界線是什麼，這是雙方早就講好了的。

界線中是包含後果的，一旦你確定了規則和不遵守這些規則的後果，那麼孩子就會學著改變自己的行為，以達到你的期望。而且你會發現，你越是堅持界線，孩子就越想衝破界線。面對這種越界的行為，只要你堅持守住界線，孩子就會越來越少地越界。等到孩子完全獨立的時候，你會發現他自己已經形成了界線意識。之所以這樣並不是因為你慢慢地控制住了他的行為，而是因為在他的世界裡，你已經為他建立好了界線，給了他很好的界線感。我們把自己內心中的界線感傳遞給了孩子。有界線感的孩子，可以管理、控制自己的行為，別人也很難越界來侵犯他們，他們的心理狀態就會越來越健康，不但在行為上，在思想上、自我認知上等都會很好。我們花很多年的時間幫助孩子建立界線，把這個能力傳遞給他們，培養一個健康、懂禮節、自律的孩子，這是一個奇妙而美好的過程。

為什麼跟孩子立界線那麼難？

我們知道與孩子立界線很難，那難點在哪？

第一個難點是，父母出於自然情感，會很糾結，無法決斷。出於愛孩子的自然情感，父母可能不想跟孩子立界線。對許多父母而言，孩子要什麼就給他什麼，他要做什麼就允許他做。比如，我們知道冰淇淋好吃，總會拿給孩子吃，可是我們知道吃太多冰淇淋不健康。父母時常會處在這種糾結中，自己也不知道該怎麼決斷。有時候，我們會覺得，孩子這麼乖，要不這一次就算了，不要立界線了。

第二個難點是，父母真的不知道該怎麼做。

在原生家庭中我們可能未曾有過這種經歷，所以我們不太清楚健康的界線究竟是什麼。比如，一個人可能從小是被爸爸打大的，所以他很討厭打孩子，也不會管教自己的孩子。可是，這個人可能並不清楚，如果不管教孩子，就沒法跟孩子立界線。於是，他就選擇不立界線。現在很多父母都是這樣，認為如果管教孩子太多，就會變得像自己的父母一樣，而他們不想那樣，所以乾脆選擇不立界線。在這樣的邏輯中，我們把立界線和懲罰又混淆在了一起。

既然那麼難，那麼為什麼我們依然需要與孩子立界線呢？既然這麼愛他們，為什麼要難為他們呢？有的家長可能會回答：如果不與孩子立界線，我們就管不好他，他會胡作非為，不聽大人的話。但是，請注意，所謂的聽話、守規矩等行為端正的表現，都是立界線的結果，絕對不可以成為我們立界線的目的。如果你和孩子立界線是為了控制孩子的行為，孩子是知道的，所以他不會接受。

所以，我們要明確為孩子立界線的真正目的究竟是什麼。

為孩子立界線時，要注意兩點

第一，立界線的目的是幫助孩子建立品格，而不是控制他們的行為。

一旦我們想要控制孩子，你就會發現孩子和你之間產生了一種博弈的關係。為什麼？只要問我們自己喜不喜歡被人控制就能明白，每個正常人的答案肯定是否定的。如果有人來抓你，你的第一反應一定是往後閃躲；如果有人把你向外推，你的第一個反應一定是用力頂住。

同理，當我們感覺到自己被人控制的時候，第一反應一定是對抗。

孩子也是一樣。所以，當他意識到你立界線是為了控制他，他就會想要抵觸。同時，因為你立界線的目的不對，所以你跟孩子之間的張力會非常大，孩子會想方設法來攻破你的界線。

但是，當我們立界線的目的是幫助孩子建立品格的時候，孩子也能感覺得到。他能分辨出「控制」和「建立」的不同。控制是：我要抓住你，讓你聽我的！而建立是：我不會抓住你，我會幫助你、支持你。當孩子感受到你是在幫助他，他就會願意合作。所以，如果你讀了這本書，想學習立界線，是為了能夠更好地掌控家庭，那麼我現在就勸你停止。因為這不會成功，即便你立了界線，那也不是一個健康的界線。

第二，立界線是為了讓孩子更加自信有力量，而不是通過控制孩子讓他覺得自己軟弱無力。

很多父母想控制孩子，這只會讓孩子覺得自己軟弱無力。如果你總是控制孩子，隨著他慢慢長大，他本來應該越來越獨立，可是他會越來越軟弱，越來越不獨立。當他真的長大到了該獨立的時候，你會發現他在很多事情上過度依賴父母。

與控制相反的是，我們能夠通過建立界線讓孩子感覺他是非常有力量的。很多人可能會好奇，我給孩子立界線，居然能夠讓他有力量。沒錯。當我們用正確的方法給孩子立界線的時候，孩子是不會反抗的。他可能會不高興，但這種不高興有點類似於，你到健身房做重訓，你的肌肉會酸痛，但是它在變得更強壯，同樣的道理。

如果我們盡早跟孩子立界線，孩子長大以後就會成為一個非常自信而且有力量的人。因為他是一個有界線感的人，界線給他帶來安全感，讓他的自我認知更加健康。所以，我們為孩子立界線，事實上是在幫助孩子建立他的安全感，讓他覺得自己更有力量，從而更加自信。

反之，當孩子沒有清晰的界線時，他會感到不安全。就好像孩子需要充足的睡眠、健康的飲食和規律作息來確保他們的健康一樣，他們也需要一些規則來保護他們的安全。比如不能在紅燈的時候穿越馬路，不能在網路上透露自己的個人隱私，他們會通過這一系列的規則來獲得安全感。所以，當父母不能夠提供很清晰的界線，或者允許孩子在家裡肆意妄為時，力量的天平就會滑到孩子那一邊去，這對孩子和家長都不好。

注意，當孩子還小或還未成年的時候，比較理想的狀態是力量的天平要向父母一端傾斜。隨著孩子年齡的慢慢增長，力量的天平會越來越多地向孩子一端傾斜，直到達到一個平衡點。如果孩子小的時候肆意妄為，家長從不批評、管教他，就會帶來很多的問題。

前段時間，我聽到有位老師推廣這樣的理論：孩子做錯了事情，我們不要說他錯了，不要批評他，而是要去鼓勵他；我們也不要去糾正他，因為孩子有自然學習的能力。後來有家長發現，當他用了這套理論後，他的孩子開始出現各種問題。他發現他們家力量的天平已經滑到孩子那邊去了，結果父母和孩子都非常被動。雖然孩子以為自己得到了想要的，但事實上他非常沒有安全感。父母怎麼說都不聽，孩子對父母沒有最基本的尊重。

為什麼？因為孩子是擁有權力的那一方，父母怎麼做都不對，孩子還很不高興。當孩子知道自己可以操縱他的父母，他就會感覺到自己有力量，相較之下，父母的力量就弱了。但是他可能不知道，要控制比自己更有力量的人會產生極大的焦慮和威脅感，這是他不能承擔的。如果父母因為自己的原因被孩子控制，你會發現孩子會變得非常焦慮，而且他內心是很沒有安全感的。

如何為零到四歲的孩子立界線？

既然是為孩子立界線，就需要按照不同年齡來給孩子立界線。

首先，對於零到四歲的孩子來說，設立界線主要在於強調他的行為。

這個年齡層的孩子，聽不懂什麼大道理。不要跟他講為什麼、原則是什麼、動機是什麼，這些都不合適，重點可以在身體行為上做限制。

比如，孩子在吃飯的時候想要下桌去做別的事。我們可以在地上畫一條線，這就是界線。告訴孩子，吃飯的時候，你走出這個區域要馬上回來，超過五秒鐘就要罰站一分鐘。這個後果你可以自由設計，比如孩子本來有自由可以走出這個區域五秒鐘，但是一旦他有一次走出去超過五秒鐘，你就不允許他再走出去了，你會把寶寶椅上的安全帶給他扣上，讓他不能再走。

其次，我們要強調的是後果。一定要通過反覆告訴他後果，來幫助他反思自己的行為。

比如，告訴孩子：「你在床上跑，摔下來撞到頭，就會很痛。」這就是後果。「睡覺的時候，如果你從床上跑下來，我就會把門關上」，這就是後果。所以孩子就知道，如果他想要開著門睡覺，就必須待在床上。

這裡再強調一下，後果一定是要可量化、可感知的。不要跟孩子說：「你一定要跟媽媽說實話，要不然你就失去媽媽對你的信任了。」「失去信任」這樣的概念太抽象，對於零到四歲的孩子來說，他沒有辦法理解。所以他還會繼續不說實話，不是因為他想要騙你，而是因為他實在不明白「失去媽媽的信任」是什麼意思，因為這個後果不可量化、不可感知。為了搞清楚「失去媽媽的信任」是什麼意思，他會一次次試探你的底線。

你可以這樣說：「如果你不跟媽媽說實話，下一次你告訴媽媽你做了什麼事情的時候，媽媽就不會相信你了。」

為了讓孩子明確地感知到後果，我們也可以借助視覺或者聽覺工具。比如，孩子看電視的時候，他說再看五分鐘，可是五分鐘過後又看了五分鐘，就是不肯離開。因為孩子年齡比較小，可能還不會看時鐘，所以我們可以給他設一個鬧鐘，到了五分鐘鬧鐘就響了，孩子也能聽到。我們家現在基本上是用這種方法，定好鬧鐘，響了之後我的孩子不管是在幹什麼，他都會關掉電視。因為他知道，這個界線已經到了。在剛開始設立這個界線的時候，可能還需要你去幫他關電視，輔助他一把。但是一旦孩子習慣了這個界線以後，他就能很自主地去做了。

再者，我們要確認孩子是否聽明白了我們的話。

很多事對我們來講很容易理解，可孩子不太容易明白。

舉個例子，有一次我給孩子立界線，告訴他：「如果你在生氣的時候扔了你的玩具，我就要把你的玩具拿走，一直到你睡午覺起來，我才會給你玩。」結果孩子在快吃午飯的時候扔了某個玩具。我就說：「媽媽曾經告訴過你的，你亂扔東西，我就要把它拿走，到你睡午覺起來再給你。」他聽了之後就放聲大哭，我就覺得很奇怪，因為從吃完午飯到睡午覺起來，並沒有隔很久。對他來說，這應該不是什麼大問題，怎麼會哭得那麼傷心？我這才突然想起來，他可能對時間沒有概念。

於是我就問他：「你知道睡午覺起來是什麼時候嗎？」他跟我說是要到他生日的時候。之前他曾經問我，他什麼時候能過生日，我跟他說還有很久很久，所以，當時他以為睡午覺起來，就像到下一次過生日那樣久。

類似這種情況，一旦問清楚了，我們就能夠理解孩子的思路和他的表現，也能幫助我們正確地立界線。我們需要記住零到四歲的孩子在理解力上還比較弱。

如何為五到八歲的孩子立界線？

首先，在孩子五到八歲這個階段，父母最重要的是幫助他理解界線。五歲的孩子，其實他基本可以理解我們做一件事情的原因，我們要盡量用他能明白的方式講清楚。我們要給孩子解釋界線的好處，告訴他沒有界線的生活會是什麼樣子。比如我會經常說，沒有界線，我們的生活就像房子沒有大門一樣。

其次，分三個層次讓孩子理解界線。

第一個層次，要讓他看見界線。比如可以使用圖畫、文字等，把界線寫下來，讓孩子可以隨時去看。我建議你把你認為比較重要的事項寫下來。對年紀小一點的孩子，你可以把它畫出來，畫好以後你要說明意思。

第二個層次，告訴孩子，在這個界線當中我們看重的是什麼。鬧鐘響了，要不要關電視？媽媽看重的是什麼？告訴孩子：「媽媽看重的不是你有沒有在看電視，而是你有沒有聽到媽媽說了什麼。」比如，你可以告訴他：「我的期待是，當鬧鐘響了，十秒之內，你會把電視關掉。」或者，「我對你的期待是你要誠實，答應媽媽的事你要做到，你要尊重媽媽。」我們所看重的、所期待的事情，一定要讓孩子聽得清清楚楚明明白白。

第三個層次，我們可以強調行為背後那些我們看重的品性。跟孩子說清楚界線，也告訴孩子我們的期待以及我們所看重的是什麼之後，我們還要告訴他，哪一些行為是符合我們期待的，因為這些行為說明孩子具有哪一種品性。比如，我們可以告訴孩子：「如果你犯錯了，當媽媽問你是不是犯錯了的時候，你能主動承認，這就說明你很誠實，媽媽很重視你誠不誠實。」

如何為九到十三歲的孩子立界線？

在孩子九到十三歲這個階段，我們要給他力量感。這個年齡段的孩子有了更多的欲望，可是能力仍然有限，於是常常會覺得力不從心，會有挫敗感，而這個時候他非常需要知道自己是可以的，是有能力的。當父母無法給孩子與他年齡相對應的健康的力量感時，他就會通過其他方式獲得力量感，以戰勝心中的無力和挫敗感。這些方式有：和父母吵架，唱反調，偷偷做父母不允許的事情，打架鬥毆等。

這個年齡段的孩子已經開始跟我們博弈了。所以，很重要的是，我們要給孩子改正的機會。

比如，如果他發脾氣打人了，後果是A，但是如果他能主動向對方道歉，那麼後果是B。通過給孩子改正的機會來賦予孩子力量，讓孩子知道他做錯了事是可以彌補的。

而且，在這個階段我們要專注於獎勵而不是懲罰。比如，之前我們舉過孩子看手機、不做作業的例子。在這個案例中，當父母用拿走手機來作為懲罰的時候，孩子和父母之間是對立的。這個年齡段的孩子本來就開始探索自己的角色和力量了，如果我們還和他博弈，對維護親子關係非常不利，而且效果也不好。所以，父母可以跟孩子溝通，用獎勵的方式鼓勵孩子的正面行為。比如，告訴孩子：「如果你連續兩個星期都能每天完成作業，你就可以每天玩半小時遊戲。」

對這個年齡段的孩子而言，我們要向他們解釋立界線的原因，幫助他們理解我們出於什麼樣的動機、什麼樣的目的立界線。

比如，為什麼飯前不能吃冰淇淋？為什麼放學回家希望他先做作業？這個時候，我們可以和孩子一起來討論界線。比如，可以聽聽孩子說他為什麼放學回家不想先做作業，他可能會告訴你因為他上了一天課已經覺得很累了，放學後他想參加訓練去踢球，訓練完了回來想先休息二十分鐘。經過這番溝通後，父母告訴了孩子希望他放學回家立刻做作業的原因，他也告訴了父母他不想這樣做的原因。如果父母認為孩子給出的原因合情合理，那就完全可以讓他先休息二十分鐘。如果他也認同，可是每次休息完二十分鐘後還是不做作業，那樣的話，我們可以試著讓他放學回家先休息十分鐘，十分鐘過後開始做作業。如果這樣調整之後，他能夠把作業順利做完，下個星期我們可以讓他放學回家先休息十五分鐘。就這樣慢慢調整，慢慢立界線，加上「討價還價」。順便說一句，很多父母不喜歡孩子討價還價，其實討價還價是很重要的一個能力。

如何為十四到十八歲的孩子立界線？

在孩子十四到十八歲這個階段，家長需要從大局出發，不要和孩子「硬碰硬」。比如，你說先做完作業再吃飯，他偏不，偏要先吃飯再做作業；你說牙膏從下往上擠，他偏要從中間擠。類似這樣的情況在孩子十四到十八歲期間會大量出現。

要特別提醒的是，孩子有這些所謂的叛逆行為，並不是因為他原本想叛逆，而是因為他想通過挑戰權威來獲得力量，來弄清楚他在家庭、社會、學校的地位如何，他究竟有多少力量。

所以，比較明智的是，我們要有意識地給孩子賦能。當他表現出「偏不」的時候，如果不是原則性問題，可以放過。

但是，我們需要告訴孩子，如果我們給他自由，讓他自己掌控，他需要為結果負責；如果不能達到我們共同設定的結果，那父母就要重新調整界線。

比如，如果孩子一定要先吃飯再做作業，沒問題，我們可以滿足他這個要求，但是他必須保證一個結果，就是把作業做完。如果他先吃飯，吃完飯後睏了，然後就開始睡覺，而不去做作業，那麼我們就要調整界線，要求他最起碼要把作業做到一半才可以吃飯。

除了要從大局出發，不和孩子「硬碰硬」外，還需要注意，我們立界線時要堅定而持續。因為這個年齡段的孩子，特別喜歡挑戰我們的底線。

這個時候，父母意見統一很重要。父母要合作，像一張網一樣，牢牢地支撐著孩子。所以夫妻雙方要通過設立堅定而持續性的界線，為孩子提供安全感。

孩子十四到十八歲的時候，我們往往會有一個誤解，以為這個年齡段的孩子不想聽我們的告誡，因為他表現出來的就是這樣。我們讓他往東，他偏要往西。我們會覺得孩子不想讓我們教他。其實完全不是這樣。這個階段的孩子尤其需要我們的教導。孩子自己並不知道這點，他在潛意識層面會很討厭我們管他，家長也會因為孩子外在的表現而以為孩子不想要我們管。但是，如果我們真不管他了，他會很害怕。

其實，當孩子發現他努力想要推倒我們的界線卻推不倒的時候，他的內心會有安全感，因為他感知父母有非常強的能力來保護他。如果他沒有辦法從裡面衝破這個界線，那麼別人也沒有辦法從外面衝破這個界線，於是孩子便會獲得很強的安全感。所以，千萬不要因為孩子和我們唱反調就放棄立界線。

現在回過頭想，我特別感激我的媽媽，她沒有在我最叛逆、最抵抗的時候放棄管教我。

那個時候我很討厭她管我，我覺得，別人的媽媽都不管孩子，為什麼我媽媽一定要管我？但是最後的事實證明，有父母管的孩子和沒有父母管的孩子是不一樣的。所以現在想來我都無比慶幸，還好我媽媽那時堅定而持續地守住了那些界線。她在很多關鍵的時點，給了我重要的啟發，為我提供一種保護。有時候那種保護就是直接不讓我去做，當時我年幼無知，現在回想才深以為然。

如何應對孩子的挑戰？

在瞭解了該如何給不同年齡階段的孩子立界線之後，家長們可能會遇到一個問題，如果孩子不接受我們的界線，我們應該怎麼做呢？

其實，在孩子小的時候，如果他們不接受界線，我們只需要堅定而持續地用健康的方式去守住界線就好。

隨著孩子漸漸長大，他可能會不接受父母立的界線，這種情況很常見。此時，我們需要分析原因，然後對症下藥。

第一種情況是，孩子還不習慣父母立的界線。

這是常見的一個原因。因為家裡從來就沒有立過界線，他在那種狀態中很舒服，父母突然要設立界線，孩子就不知道應該怎麼適應，他也不知道應該怎麼應對。他會想，父母立界線幹什麼？這種情況其實是所有情況中最好的一種，他只是不習慣而已。那麼，父母的應對方法就是，每一次立的界線，要盡可能地少，不要一口氣立一大堆界線，這樣孩子肯定受不了。應付不過來的時候，他會選擇躺平，這樣就只能適得其反。所以，在剛開始時，最多一次立三條界線，等孩子慢慢適應後，我們再給他增加新的界線。

第二種情況是，孩子不理解立界線的原因。

我們要具體解釋，為什麼在這件事情上我們要立這樣的界線。一定要讓孩子明白，我們立界線不是要找他的麻煩，也不是要控制他的行為，為難他，讓他不快樂。而是要讓他知道，這樣做是為了幫助他建立好的品性和習慣，這些會對他終身有益。如果孩子已經到了開始反抗你的界線的年齡，一般而言，他可以聽懂你的這些解釋了。

對於年齡大一點的孩子，還會有第三種情況可能讓他不接受我們的界線，那就是我們和孩子的關係很疏遠。

雖然每天生活在一起，父母每天都在照顧他，但是孩子跟父母的關係疏遠。他可能回到家裡都不跟父母說話，也不講他平時在學校發生了什麼事情，和父母之間對話就像擠牙膏一樣，問一句才說一句。對於這種情況，我要提醒父母的是，界線和愛缺一不可，這是非常重要的。如果一個孩子沒有感受到被愛，我們就很難跟他立界線。同樣，如果一個孩子沒有界線，他其實也很難真正感受到父母的愛。

對於那些與父母關係很疏遠的孩子，在立界線之前，一定要讓孩子感受到愛。需要強調的是，讓孩子感受到愛與父母有沒有給他足夠的愛是兩回事。很多父母覺得自己很愛孩子，給了他很多的愛，可是孩子感受到的卻很少。如果孩子沒有感受到愛，我們是沒有辦法和他立界線的，就好像對著空氣打拳。

怎樣讓孩子感受到愛呢？

首先，要對孩子使用正確的「愛之語[1]」。

如果孩子和父母的關係很疏遠，他無法感受到父母的愛，那麼父母就無法在愛的氛圍中給他立界線。為了讓孩子感受到愛，父母一定要使用正確的「愛之語」。

什麼是「愛之語」？其實每個人都有自己擅長、喜歡聽的「愛之語」，如果你還不知道，可以上網搜尋一下「愛之語 測驗」，你可以測一下自己「愛之語」是什麼，有夫妻版的，也有個人版的，還有親子版的。

很多時候父母只是用自己的「愛之語」去愛孩子，或者我們認為孩子能接受的「愛之語」去愛他。比如說他考試考得好，父母就買東西獎勵他。可是，如果這個孩子喜歡的「愛之語」是肯定的言詞，那給錢或者買禮物就沒什麼效果。這樣的孩子想要的是父母的肯定，父母應該用語言肯定他很棒很優秀。他聽到肯定的言詞，就會感受到被愛。如果我們表達愛的方式是買禮物給他，讓他下次繼續努力，這時父母雖然表達了愛，但孩子並沒有百分百感受到我們的愛。

孩子知不知道父母在愛他呢？理性上是知道的，因為我們可能花了很多錢買禮物給他，但這不是他認可的「愛之語」，所以他在某種程度上是不能夠感受到被愛的。

還有一些父母表達愛的方式是服務的行動，比如給孩子做很多好吃的，可是很多孩子要的是精心陪伴的時刻。結果因為你不停地在幫他做這個做那個，反而沒時間去陪他，所以孩子仍然感受不到愛。在感受不到愛的情況下，孩子是沒有辦法接受你的界線的。孩子會想，你都不愛我，你憑什麼管我？我們是不是常聽到很多孩子這樣講？

也有很多人說，為什麼我的孩子願意聽別人的意見，但就不肯聽我的。原因很簡單，因為他在別人那裡感受到了愛。別人的愛怎麼可能跟父母的愛比？問題是別人對他做的事情，符合他的「愛之語」。

比如說他需要被接納，而你整天罵他，一直挑剌，滿眼看到的都是孩子的缺點。如果孩子在虛擬遊戲世界是老大，他有一群跟隨者，哪怕是他跟隨別人，都會讓他覺得很有歸屬感。當然，我不是讓你鼓勵他去虛擬世界尋求滿足，而是想強調父母要用孩子的「愛之語」去愛他，當我們給孩子心靈所需的時候，他在父母這裡得到愛的滿足，他就更能夠接受父母給他立的界線。

其次，除了使用「愛之語」，我們還要讓界線和愛結合，讓他在感受到界線的同時，也感受到愛。

怎麼做？在界線的後果上，我們要給他更多的恩典和彌補的機會。比如，跟孩子設立界線時，可以告訴他，可以玩遊戲，但如果考試沒有及格的話，就會有一個自然後果，那就是不能再玩遊戲了。所謂給予恩典是指，好比今天是他的生日，或者今天過年，我們願意給孩子恩典，網開一面允許他玩遊戲。但是，我們要在這個恩典之外加一個附加條約，比如，他

1 源自於《愛之語：永遠相愛的祕訣》一書。每個人喜歡的愛之語都不同，可分為五種類型：肯定的言詞、精心時刻、接受禮物、服務的行動、身體的接觸。

可以在生日這天玩遊戲，但是只能玩半小時，然後需要在生日過後多學習半小時，把它彌補回來。

這裡要強調的是，如果孩子沒有感受到我們的愛，我們就需要更多正面的界線，而不是負面的界線。在特殊日子破例，並且不影響主要界線的後果（例如考試沒及格不能玩遊戲），這樣的方法就比較積極正面。

孩子不接受界線的最後一種情況是孩子根本不尊重父母。

很多孩子非常不尊重父母，但他們的父母不願意承認這個事實。家長不要以為自己賺很多的錢，給孩子吃、給孩子穿、讓孩子玩，就能得到孩子的尊重。不是的，孩子不尊重父母，在界線這個層面上有兩個原因。

一是父母自己沒有界線，經常越界。夫妻雙方彼此越界，對孩子也經常越界，導致家庭關係一片混亂，這種情況下孩子不會尊重父母。他會認為你自己都沒有界線，憑什麼來給我立界線？就好像你自己都不會開車，你還要去教他開車，他不會聽一樣。孩子不相信父母能夠立好一個正確的界線，所以孩子也不接受父母給他立的界線。

如果你的家庭屬於這種情況，我建議你好好讀完這本書。我們要學習給自己立界線，在生活的各個層面做好榜樣。如果你整天工作、應酬不回家，當你試著給孩子立界線時，孩子有可能因為怕你，暫時不敢反抗，會按照你說的去做。但是一旦有機會，他就會反抗你。如果他反抗不了，他就會選擇逃避你。

凡事都要有界線，賺錢要有界線，工作要有界線，玩也要有界線。我們和配偶之間的關係、和他人之間的關係，都需要有界線。如果我們的婚姻是沒有界線的，家庭亂糟糟的，孩子雖然不說，但是無形中你便失去了他對你的尊重。

二是父母經常知錯不認錯。如果父母拉不下臉來認錯，認為一旦認錯就失去尊嚴，孩子也會習得這一點。他明明越界了，卻不願意承認，因為他覺得承認自己做錯了是天大的事情，他沒有從家長身上學會知錯認錯。

事實上，會認錯的父母比不認錯的更能夠得到孩子的尊重。孩子尊重父母不是因為父母不犯錯，而是因為父母敢承認自己的錯誤。千萬不要以為自己認了錯，孩子就會看不起我們，其實我們錯沒錯、認不認，事實都在那裡，孩子心裡很清楚。當我們明知道自己錯了卻不承認的時候，孩子才看不起我們。我們不承認錯誤，只會讓他覺得我們根本沒膽量去承認。

我為什麼對這點那麼確定？因為在我的學員中有許多青少年，他們來我辦公室常常會控訴父母。所以無論你是父親還是母親，如果你錯了，請你向孩子認錯道歉，這不是一件丟人的事情。父母向孩子認錯道歉，就像孩子向父母認錯道歉一樣，都不丟人。承認錯誤會給孩子很大的安慰。

有很多上過我課的媽媽告訴我，她們的孩子居然說，看見媽媽在學習兒童心理學和科學育兒的知識、學習怎樣更好地做父母的時候，他們心裡非常受安慰、很感動，並從這件事上感受到了被愛。有位母親告訴我，她的女兒主動跑過來親她，並告訴她：「媽媽，謝謝你願意為我學習。」所以我們做了什麼，我們有沒有承認錯誤，孩子都是看在眼裡、記在心裡的。

因此，我鼓勵父母做正確的事情，哪怕這件事情現在看來很難。立界線不容易，學習也不容易，但是都是值得的，因為這是正確的事情。

衷心地祝願所有的父母在給孩子立界線的時候能夠溫柔而堅定。雖然孩子會掙扎，會想越界，但當我們堅持為他們立一個好的界線，就是為他們的人生打下非常重要的基礎，並把界線的意識傳遞給他們。因為我們現在這樣做，就像在給一棵小樹澆水、施肥，總有一天我們會看到這棵小樹成長、開花、結果。

希望這成為你的一個願景，我們一起朝著這個美好的願景努力。

守好自己的邊界
生活得更輕鬆

CHAPTER

09

我之所以把為自己立界線的內容放在本書後面來講，是因為它最容易被我們忽略且又是最難的。「不識廬山真面目，只緣身在此山中」，用這句詩來形容為自己立界線最貼切不過了，很多時候，我們更容易感知到別人的越界，卻很難意識到自己在不經意間已越過了自己的邊界。

為自己立界線的原則

周川總覺得自己不夠好，因為總會有人比他更好。所以，他從每天工作八個小時，延長到九個小時，但仍然覺得不夠，又延長到十個小時，他仍然覺得這不足以讓自己達到「好」的標準。在這種情況下，如果一個人沒有界線意識，即便工作再長時間都不會覺得足夠。完美主義者是沒有界線意識的，他往往追求做到最好、做到極致，他要完美，然後就會發現永遠不夠完美。後來，周川開始為自己立界線：每天只工作八個小時，工作九個小時就是不夠好！

雖然為自己立界線困難重重，它卻最能幫助我們練習如何立界線。因為在給自己立界線的時候，我們需要有異乎尋常的界線意識，這樣也能夠挑戰自己、改變自己的行為。想要挑戰別人、改變別人的行為很正常、很自然，但是改變我們自己的行為則是難上加難。

其實，我們在自己身上練習是最方便的，因為在別人身上我們還需要等他人越界的機會，但是就我們自己而言，任何時候都可以練習。所以，我們要敏銳於自己的行為，並建立起很強的界線意識。這樣，當別人開始侵犯我們的界線時，我們就能很快識別出來。

那麼，要從哪些方面入手來為自己立界線呢？其實，每個人的界線都不一樣，為自己立界線，要根據自己的需要和優先順序來決定。

首先，在行為習慣、生活習慣、情緒習慣等方面，都要為自己立界線。

當你給自己立界線的時候，你是在告訴自己什麼是可以的、什麼是不可以的。我不知道大家有沒有「五分鐘症候群」，它是指，很多時候我們會對自己說「再給我五分鐘」，比如說追劇，心裡想著再看五分鐘就不看了，結果一個五分鐘，兩個五分鐘，一下就過了兩個小時。孩子也會這樣，說「再玩五分鐘」，結果一玩就沒完沒了。為自己立界線能夠有效地阻止這種「五分鐘症候群」。

也許你會說，這樣立界線有點像是寫新年新希望，我每年年初都會寫很多目標，到年末的時候卻一個都沒有完成！這是不是說明立界線沒有用？其實，這是因為你在生活中沒有習慣為自己立界線，平時沒有很多練習，一上來就想立一個非常難守住的界線。所以，要一步一步地來為自己立界線。

下面是我為自己立的一些界線，可以供大家參考：

- 不超額花錢
- 每天只滑抖音半個小時
- 睡前讀半個小時的書
- 不在背後說人的壞話
- 晚上十一點以後不工作
- 陪孩子的時候不玩手機
- 不會沒有計劃地買東西
- 生氣的時候不說髒話
- 生氣的時候不打孩子
- 避免和會讓我情緒壓抑或傷害我的人接觸

- 不酗酒
- 家裡不存放零食
- 和配偶吵架的時候不說侮辱性的話
- 晚上九點以後不吃東西

這些界線幫我控制自己的行為，建立起健康的生活方式。比如，立好界線可以防止你每天晚上都吃垃圾食品。再比如，因為第二天早上七點鐘就要起來上班，有了界線就可以幫助我們晚上不加班到太晚，或者不玩遊戲、滑手機到凌晨。

你或許會認為自己已經在主動立界線了，比如健身、學習都能表明你是一個很自律的人。但自律和立界線不同，自律是有目的性的，而立界線是出於自愛自重。比如跑步或健身，這些自律的行動都是有目的的，也許是為了減肥，也許是為了身體健康。比如每天早起，可能你是為了培養某種品性。再比如學習，你可能想提升自己的技能，換一份更好的工作。我們通過自律來提升自己的價值或自我認知，由此讓自己獲得更多或感覺更好。從這點來說，自律是對外的，有一個外界的目標。

而為自己立界線是對內的，不帶有目標性。它源於自愛、自尊，基於這樣的原因而自然產生的。因為我是一個有價值的人，我要為自己立界線；而不是說我要減肥成功，或者我要證明我是一個能夠堅持的人，我才覺得我有價值。

舉一個例子來說明兩者的區別。假設你和朋友去餐廳吃飯，你只吃蔬菜沙拉，因為你在減肥，這就是你自律的表現；而看著體重一百公斤的朋友吃大魚大肉，你卻不要求她和你一起吃沙拉，這是你對自己立界線。

其次，給自己立界線意味著不關我的事情我不管。

當然，並不是說當別人需要幫忙的時候我們袖手旁觀，而是說，如果這件事是別人的事，並且他沒有向我們尋求幫助，我們就不要插手。

比如，別人怎麼教孩子，如果沒有尋求我們的幫助，我們不可以粗暴地去干涉。我每次回國的時候，有時在電梯裡看到父母對孩子比較粗暴、方法不正確，我會很著急，但我都會告訴對方自己是學兒童心理學的，關於剛才他與孩子互動的情況，我能不能跟他聊兩句。我會先徵得對方的同意，然後才告訴他這種情況下如何做會更好。我不能直接對對方說「你剛才這樣做是錯的」「因為我是專家，我最懂」這樣越界的話。有時候，有些父母會不耐煩地拒絕我的意見，我雖然可憐孩子，卻也必須尊重對方的界線，因為我實在無權越界。

最後，我們對別人不要有不切實際的要求和期待。

比如，你總是希望你的父母承認他們曾經對你的傷害，向你道歉，可是你心裡也清楚他們永遠不會，所以你要克制自己，不要不停地去和他們糾纏，而要更專注於解決自己過去的創傷這件事上。

再比如，有的人所做的一切都是為了讓父母承認他是優秀的，是值得他們驕傲的。可是不管他怎麼做，父母都能找出不滿意的地方。這類父母，不能欣賞孩子，自然也很難真正發自內心地、無條件地接納孩子。如果你對父母有這樣的期待，覺得一定要讓他們承認你的優秀，這時你就需要為自己設立界線了。你要告訴自己，不允許自己追逐一個不可能實現的目標，因為這是我界線範圍外的事。父母要怎麼看我，我沒有辦法改變。我能做的是控制自己的想法和行為，否則我會非常痛苦。

我認識很多人，他們已經成年了，可是依然保持著小孩子的心態：每做一件事情，都希望父母能夠說一句「你做得真好」，結果一直等不到這句話。有的人千方百計賺更多的錢，做到更高的職位，開更好的車，帶父母去更好的地方度假，都是因為他內心想讓父母承認自己的優秀。在這種情況下，我們一定要記得給自己設立界線，不要讓自己這樣做。

一旦有了界線，一個人就有了衡量自己的穩定標準。很多時候我們的感覺在不停地變，對自己的評價也在變化，那是因為我們衡量自己的標準是根據別人對我們的看法或者與外界比較而來的。放眼望去，當沒有人比我們更好的時候，我們的自我認知是很穩定的，可是一旦有一個比我們更好的人出現，我們就開始緊張，感覺受到了威脅，這時我們對自己的評價就降低了。所以，我們需要設定好的界線，來幫助我們對自己有一個非常清醒的認知，並能阻止我們去做明明做不到的事情。總之，界線可以幫助我們用一個穩定的標準來衡量自己。

七步驟為自己立界線

為自己立界線，並不比給別人立界線容易，我覺得反而更難。但是，你可以按照以下步驟，一步一步來完成。

第一，必須認識到生活當中哪些地方需要界線。

因為每個人需要的界線都不一樣，所以要先找出自己在哪些地方需要界線。我建議你用一張紙把它寫下來，並分成不同的大類。問問自己：經濟上我需不需要界線？也許我在自己的開銷上不需要，但是我在給孩子買東西上非常需要界線，我常常會給孩子買太多東西。或者，關係上，我和誰的關係需要界線？把這些人的名字一個個寫下來。

現在，在電子產品的運用上，很多人都需要界線。有越來越多的孩子對電子產品上癮。我們一定要明白，父母需要採取措施幫助孩子防止對電子產品上癮，而不是等到孩子上癮後才去學習怎樣幫孩子擺脫上癮。那麼，在孩子上癮之前，我們自己有沒有在使用電子產品上給自己立界線？

還有，在日常行為習慣、情緒健康等方面，我們也都需要給自己立界線。有些人會脾氣火爆，有時像發瘋似的無法控制自己的情緒，把家人都嚇得不輕，這就是沒給自己的情緒立界線。

第二，找到自己的界線點。

界線點就是那些你接受不了的事情。比如，周權的耳朵以前受過傷，所以如果別人對他大聲說話，他就很受不了。這裡的大聲說話是指吵架。遇到這種情況他就需要立界線：你可以有不同的意見，但是不能提高嗓音跟我吵架，因為我受不了。

每個人都有自己的界線點，這個界線點你可以稱為「爆點」，是一些會讓你非常不舒服的地方。我到這些界線點以後我們就知道，從一開始和他人接觸的時候，我們就需要給對方立界線。同時，針對這些界線點，我們也要給自己立界線。很多時候，我們不能接受別人的某些行為，可是我們自己又去做。比如我生氣時會翻白眼，我受不了的時候就翻白眼，但是我自己是非常討厭被別人翻白眼的，所以我在很生氣的時候要非常有意識地去控制自己不要翻白眼。

第三，在為自己立界線的時候，要感知自己的情緒。

我們做每一件事情都有原因，為了找到這個原因，我們要對自己的情緒敏感。對自己情緒夠敏感的，我們就能夠覺察到：哦，原來我要做這件事是因為我的某種情緒被挑動起來了，讓我想要越界。無論是對孩子、父母、朋友、配偶，都是如此，背後有一個不舒服的情緒挑動我們去做越界的事。

所以，下一次你想要越界的時候，比如看到別人的事，很想直接出手去幫助，這時你要問自己：我為什麼會有這樣的感覺？我為什麼會想要去冒犯別人、去越界做這件事情？

比如，我為了趕時間一把抓起孩子的衣領就走，因為當他拖拉的時候，我覺得他耽誤了我的時間，所以我會想要一把抓住他就走，哪怕這冒犯了他的界線。或者，當我不認同某人的生活方式時，我覺得我有權利和義務把他從錯誤的生活方式中拯救出來，所以我要越界去告訴他，他這樣的生活方式不對。

在團體輔導中，每一個參加的人一般會梳理自己的情緒以深入地認識自己。因為很多人發現，他知道自己應該怎麼做，但就是做不到。當我們對自己有更多認識後，我們會明白自己做某件事的原因，產生某種情緒的原因，以及這些背後的心理因素。這些心理因素是我們行動的根源，一旦挖掘出來，能夠幫助我們瞭解自己忍不住越界的深層原因。

第四，循序漸進地給自己立界線。

就像我們在前面講到的，我們給孩子、配偶、父母立界線的時候，都要遵守循序漸進的原則。給自己立界線也是一樣的，我們不要一次性地給自己立太多的界線。立界線本身是個很漫長的過程，如果你一次立太多，反而會有反作用。立太多界線後你一般很難完成，各個方面看到的都是自己的失敗，都是自己做得不好的地方。當這種失望排山倒海向你襲來的時候，你就會難受，然後就容易造成反作用，容易灰心喪氣，放棄為自己立界線。

我們可以把需要立界線的某些方面具體寫出來，從中選出第一重要、第二重要、第三重要的，排出優先次序。之後先鎖定兩到三個界線目標，做好了以後，再完成次級重要的兩到三個目標。

第五，給自己立的界線一定要容易實現。

不要一下給自己立一個很高的目標，最後發現自己根本不可能實現。建議一次一小步，最終完成目標。

比如說，你和你丈夫吵架時，你給自己立的界線是等他說完了才開始說，因為你知道自己很喜歡打斷他。既然立了這樣的界線，你就要學習控制自己。當你踐行時，你會發現很難，因為當對方正講的時候，你總有一種衝動想要打斷他。這時候，你可以給自己立一個可以實現的小目標。比如說，你初步的目標是讓他先說五分鐘，五分鐘過後才能打斷他，這個目標看起來就比較容易實現。等這個界線對你來說已經很容易遵守了以後，你就可以再立一個界線：下次吵架的時候，我等他說十分鐘，十分鐘過後，如果他還沒有停，我再開口打斷他。等十分鐘的界線目標也能達成之後，再慢慢過渡到十五分鐘，以此類推。

一步一步給自己設立界線，有助於我們獲得成就感，從而更容易成功地立好界線。

第六，在建立界線的過程中，一定會遇到很多的阻攔，這時記得尋求幫助。

這些阻攔有可能來自我們的原生家庭，也有可能源於婚姻中經濟無法獨立，也有可能來自你內心的懼怕。我們要找到阻攔背後的原因，我們要尋求幫助。你可以尋求朋友的幫助，與他一起進行角色練習，我們在上一章中講到角色練習的優勢，此處不再贅述。你也可以尋求專業的幫助。一定要找到阻攔立界線的原因，要不然就沒有辦法成功。很多人沒有辦法立界線，並不是因為他的能力不足，而是因為他一直沒有解決他內心中束縛他的那樣東西，所以不管怎麼去處理外在的東西，都無法立界線，因為內心的阻攔才是核心，它會把我們困在那裡。如果每一次嘗試都失敗，久了之後我們就容易放棄。

第七，要優先照顧自己。

我們前面提到過自我照顧和自私的區別。如果你遇到某種情況，真的撐不下去了，必須先照顧好自己。做父母的也是一樣，尤其是媽媽們，一定要給自己留出時間與空間，要照顧好自己的情緒以及各個方面的需要，因為媽媽們真的是很辛苦。

最後，我希望你在讀完這本書過後，不但會給別人立界線，也會給自己立界線，把界線這個觀念和健康的界線模式都帶到你的家庭中。也許你看完這本書後還不能立刻學會立界線，不要著急，因為訓練自己立界線是一個漫長的過程，跟別人立界線也是一個漫長的過程。但是，只要每一天都練習，我們就一定會在家庭中種下健康的種子，也一定能讓我們的家庭變得更健康更幸福。

為了我們的家人，為了各種人際關係的健康，付出時間和努力都是值得的。但是我想提醒你，你要不斷練習，因為練習會讓你達到一個最佳的狀態。如果你希望只通過看書就成功立界線，那不切實際。不管你聽多少課，如果你不把它用起來，你沒有辦法讓自己變得更好。我的很多學員按書中所寫的去練習，他們真真實實地經歷了改變，證明這些是對的，也是有效的。他們都付出了很多的努力，每天都在不斷反思、練習、反思、練習，最終達到自己想要的狀態。

活出有邊界感的人生

CHAPTER

10

在寫這本書之前，許多學員通過學習我的「為家庭立界線」系列課程，重建了夫妻關係、親子關係、母女關係等，我也收到了不少學員的後續反饋，經當事人同意，我在這裡精選了一些學員的案例跟大家分享。

小岩：把孩子的選擇權還給他

各位讀者，當你讀完這本書的時候，我相信你已經開啟了通往健康界線和自由的大門，這本書就是那把鑰匙。我原本覺得我的生活沒有什麼大問題，可有了孩子後，一切變得不一樣了。

當我的生活一團混亂時，我遇見了吉祥老師，上帝真的是在關了一扇門時，總會為你打開一扇窗。

當時我和老大（男孩）的關係已降到冰點，他出生時我沒有學習任何科學的育兒方法，老大基本是由長輩帶大的，他會用「一哭二鬧三打滾」來引起大人關注。我沒有辦法馬上解決他給我帶來的煩惱和焦躁，我會非常憤怒地制止他，推他、打他，對他的身體帶來傷害，我甚至無法愛他。我不明白為什麼命運對我如此不公。每每我跟丈夫溝通老人家帶孩子有問題時，他就會說我做得不對，丈夫的態度讓我更委屈。慢慢地，心裡的憤恨一觸即發，怨長輩、怨孩子、怨丈夫，各種吵架，不但沒有解決任何問題，大家反而都認為我不會控制脾氣。

學完界線課後，我才明白我完全沒有任何界線，這件事情明明我有直接的責任，我卻將所有責任推給了別人。我的丈夫對我的態度是我允許的，因為他那麼做無須承擔任何實質性的後果。我不接受孩子的情緒，那明明是他這個獨立的個體所擁有的，就因為我是他媽媽，我越界了，對他加以嚴厲的管控。整個家庭關係如一團亂麻，每個人都活得不自由。系統地學習吉祥老師的「自我認知共進營」後，我才恍然大悟，知道問題出在哪裡，才明白我為什麼對孩子的行為和情緒有如此大的反應，以及怎樣用科學專業的方法來育兒和改變自己。

在我一開始學習「為家庭立界線」課程的時候，我抱著急病亂投醫的心態，並不清楚學習的效果會如何。因為在此之前我已經看過好多書、聽過好多課了，雞湯是「喝」了一些，道理也懂了一些，但一遇到實際狀況，比如接觸老大時，我就會崩潰，怒不可遏。

舉個例子，老大不愛吃菜對我來說是個大問題，因為維生素缺不足容易口腔潰瘍，我威脅他，「如果你不吃完，今天不准去遊樂園玩」；我利誘他，「如果你吃完，我獎勵你一個棒棒糖」。我們之間的拉鋸戰每天都在上演，這條育兒之路我走得很辛苦。

上完課後，我慶幸自己堅持學習了下來，沒有放棄。特別是在老師的實際演練課中，老師把活生生的案例帶到課堂，讓我們身臨其境練習，我感受到了前所未有的自由和暢快。老師用她專業的知識，通過清晰的底層邏輯讓我明白了，孩子吃菜這件事情我該如何處理。現在，吃飯的時間成為我們家庭生活美好時光的一部分，一家人終於可以開開心心地一起享用美食了！

我們都聽過，有一種冷叫媽媽覺得你冷。我想說我就是那個媽媽，我經常會強迫孩子按照我的期待做事情，因為這樣能緩解我的擔憂和焦慮。比如北方冬天的天氣經常在零攝氏度以下，孩子不想穿厚鞋子，原因是穿厚鞋子他沒辦法痛快地玩耍，如果是以往，我會要求孩子必須穿厚鞋子。但是上完老師的界線課之後，我當時立刻想到了課堂上老師的教導，不要越界。孩子不穿厚鞋子的自然後果，就是他有可能會被凍到，之後他就會願意穿。我管教的目的，不是等著他出醜、受罪，讓他知道我說的有多正確，而是因為愛他，明白並且懂得他跟我意見會不一樣，我提出我的建議，選擇權要交還給他，並和他一起面對他犯錯誤後的結果，真正做到尊重他獨一無二的個性和想法。

我相信陪伴每個孩子成長的路上最重要的人是父母，我們在這條路上跌跌撞撞，就像孩子剛開始學走路那樣，雖然會有跌倒，但只有跌倒才會讓我們嘗到奔跑時的喜悅，無論什麼時候開始學習做智慧的父母都不晚，重要的是選對專業的老師，方向不對，所有的努力都白費。感恩遇見了吉祥老師，讓我在短時間內進入正確的跑道，我想這就是專業的魅力吧！

Jade：我其實並不知道自己沒有界線

在上課之前，我一直認為我是個有界線的人，因為我一直在外商工作，不像本土公司員工那樣不分你我、以公司為家，我的人際關係一直很簡單，我對自己也很滿意。出於對這個課程標題的好奇，我還是報了名，看看講什麼內容，畢竟在國內這個主題的課程確實不多。

開課之前，老師讓我們每個學員介紹自己，並給自己的界線意識評估了分數。我為我自己打了九分，又馬上覺得九分還不能完全表達我優秀的界線感，我又改成了九點五分，並且還畫了一個擠眼睛的小表情，表示對自己有界線感的揚揚得意和小小的幽默。

開課以後，老師的課程語言和形式非常新穎，最精彩的是內容，完全是新的知識，新的邏輯思維，和我以前所認為的很不同，相當顛覆我以往的認知。我才知道，我原來是個界線感比較差的人。當課程進行到第二節的時候，我返回去，把我的評估分數老老實實修改為兩分，然後，認認真真聽課，好好學習。

我原來以為我知道界線，學習以後，我才知道我其實並不知道我沒有界線。界線課程，非常適合我這個生長在那個有太多責任感、背負重擔又很講人情味的「六年級生」，我們這代人一般不會考慮個人得失，首先考慮的是集體利益與別人的感受，而容易忽略甚至壓抑自己的感受。中國又是一個講人情世故的國家，有太多像我這樣分不清楚界線的人，任何問題都習慣用感情遮掩和替代。這種現象不僅在家庭中常出現，在職場當中也是屢見不鮮，常把自己弄得很難受也不知道怎樣解決，這是困擾我甚至我們這代人的普遍問題。

特別值得一提的是，吉祥老師的課程深入淺出，把深奧的心理學概念融入日常生活場景中。同時老師用我們生活當中的實例做分析，讓理論與方法落地，再進入學員心裡變成可以理解和內化的東西，以後可以隨時取用。

老師在每節課後都安排了作業，包括理論部分和實際演練部分，理論是對當天課程的概念的歸納總結，實際演練完全就是帶著學員把學到的理論運用在生活場景中，老師還親自為每位學員批改作業，親自指導建議。這樣就不僅僅是聽理論，而且是理論與實際生活的結合。我喜歡做老師設計的作業，也喜歡看同班同學的作業。借助這些實際的例子，我又加深了對這些理論概念的理解和運用。同時，我也怕這些作業，因為很難，真的需要好好思考才能做出來。每當做完作業、得到老師好評的時候，我感覺非常有成就感。

雖然我現在仍然不能說學習得很好，但是我開始有了界線的意識，還需要在日常生活與家庭、工作中經常實踐。我意識到，只有建立正確又健康的界線，我才會有健康的人際關係，才能更多享受生活的美好。在學習的這一年當中，我也經歷著建立正確界線後帶來的益處：愉悅而放鬆的心情，健康人際關係帶來的互相滋養、彼此欣賞，這對個人的成長無疑大有裨益。

蓮：我愛別人到什麼程度，應該由我來決定

我是在二〇二一年下半年上的吉祥老師的界線課。因為之前通過一些書籍接觸過界線，在婆媳關係和親子關係中有些實踐，所以處在自我感覺良好中。當時還有些猶豫要不要報，但是我覺得界線確實重要，所以最終決定上這個課。上完課之後我才發現，這個課幫我打開了全新的世界。

我記得大學的時候有個室友，在沒跟我說的情況下，把我新買的一個髮夾給戴了出去，回來就簡單說了一句她用了一下。當時我心裡很不舒服，這人怎麼可以隨便用別人的東西。但是轉念一想，我要愛人如己啊，一個髮夾而已，沒必要這麼斤斤計較。雖然這個事情過去

很久了，但是一直留在我的腦海裡。因為它很具代表性，代表一個困擾我很多年的問題，就是當我要愛別人的時候，我要愛到什麼程度。

比如我看到一個特別困難需要幫助的人，我要不要幫？愛人如己是不是意味著我要盡我最大的努力幫助他？那我的需求怎麼辦？我要怎麼平衡我的需求和別人的需求？平衡標準是什麼？難道我要把我的錢都分給窮人嗎？當然不是，但是我又不明白這背後的理論根據是什麼。我愛別人，要愛到什麼程度才算夠？這個問題一直困擾我，我始終沒找到一個滿意的答案。所以很多時候當別人向我尋求幫助時，我掌握不了尺度，沒有參考標準。後來我聽了界線課，找到了答案。

我愛別人到什麼程度，應該由我來決定，我就是那個標準。當我可以不求回報，心甘情願去做的時候，我可以做。但是當我心裡不舒服、不情願時，我可以非常坦蕩地拒絕別人。我要先愛自己，照顧自己的感受和需求，然後再去照顧別人。我只有能很好地愛自己的時候，才能更好地愛別人。

當我認識到這一點的時候，我的確獲得了極大的自由和釋放。我再也不用勉強自己過分地付出，這不僅對對方無益，對自己也是一種傷害。

在學習界線課之前，我認為我跟丈夫是一體的，不用分你我。我會盡我的全力去愛他。但是當我過分付出卻得不到回報時，我對他的愛就減少了，更多的是埋怨，甚至是恨。學了界線課之後，我找到了我與丈夫之間關係的問題所在，解決之道是先愛自己、再去愛對方。我也尊重他是這個家的丈夫和父親，會理直氣壯地要求他承擔他需要承擔的責任，如果他逃避，就要承擔相應的後果。課程裡老師詳細地指導我們如何在生活中立界線，包括怎樣設立後果，什麼是正確的後果。通過跟丈夫立界線，我們之間不必要的衝突減少了很多，我也少了很多沒必要的嘮叨和忍耐甚至抱怨，這很大地改善了我跟丈夫之間的關係。更重要的是，他在婚姻中也有了成長。

我們夫妻都有在上班，我們根據彼此的時間進行了家務的分工。但問題是我丈夫總是不能按時完成他該做的事情，總是拖延。看不慣的我，最後還是會把他該做的變成我的工作。剛開始是提醒，後來是嘮叨，再後來是埋怨，慢慢地，我也會心存憤怒。

學了界線課之後，我會告訴他我的界線和後果。如果他還是像之前一樣不做自己的分內事，我就很自然地讓他承擔後果。我不再嘮叨和埋怨，他承擔了後果之後慢慢地就會按時做家務了，我們家的氛圍也好了很多。

不只是在家務上，在育兒和其他方面，我都通過立界線改善了我與丈夫的關係。可以說，學習界線課成了我婚姻的一個分水嶺。不僅如此，它還幫我理清了我與所有的人際關係，最重要的是理清了我與自己的關係。

界線為給我開啟了一扇自由的大門。很感恩遇見吉祥老師。

Grace：人際關係更有「分寸」帶來的好處

二〇二二年我在直播間遇到吉祥老師，被她又颯又爽的自由狀態深深吸引，就報名了界線課。上完課之後，我的很多認知完全被顛覆。我之前完全沒有界線這個概念，這個課程對我影響很大，從婚姻到育兒，從與朋友的關係到與同事及老闆的關係，都得到了極大的改變。

其中有兩件事情必須提一下。

一件事是二〇二一年我換了新工作不久，我的老闆跟我討論工作的時候不太尊重我，總是帶著責備的語氣，我理直氣壯地跟他說了兩次以後，他對我的態度明顯不一樣了。有問題說問題，有事說事。如果是我的責任，我也能坦然承認。

另外一件事是，孩子的一個課外輔導班不能履行事先承諾，我要退款。當時對方確實有提前跟我說過不能退（後來瞭解到其規定是不合法的），要轉課也是各種為難。各種溝通失敗後我毅然提起訴訟。機構後來主動給我退款，但是要我承諾不再就這一問題發聲，我堅決闡明自己的立場並拒絕了這一要求，後來該機構就無條件給我退款了。我不得不說這主要歸功於界線課給我帶來的力量和支持，謝謝老師。我把要回來的錢全買了老師的課，我希望繼續成長，成為那個發光的人。

總之，上完課之後，我在人際關係上更有「分寸」了，從而更有安全感和自由了，明白了界線是我自己的事情，從被動去做變成了主動選擇。

米粒飯團：生活竟然可以如此自由

吉祥老師說過：「沒有界線的生活就像一個沒有裝門的房子，別人隨時都能闖入。」在過往沒有界線的生活中，我經歷了極度混亂、痛苦與恐懼，我深深體會到老師這句話的深刻含義！

感恩的是，吉祥老師的「界線」課改變了我，我為自己的生活親手安裝上門，並且學會如何正確地使用這扇門，從此，我的生活走向愉悅和自由。

有一個人，同時具備以下標籤：社交恐懼、完美主義、討好型人格、不會拒絕、容易自責、優柔寡斷、無意識越界別人。我就是這樣一個人！

以上各種標籤相互裹挾交織，同時貼在一個人的身上，她的生活怎麼可能不緊繃、不焦慮、不疲憊？

當我裝上「界線」這扇門後，當這些標籤想介入我的生活時，我學會親自關門並對它們說「No」！

當社交恐懼來敲門：

不知從何時起，我發現自己有挺嚴重的社交恐懼，我感覺和人建立關係是一件危險、緊張的事情。在關係中，我很努力，也很友善，但我卻非常緊張，並不享受。

直到學習界線課後，我才找到根本的原因，是因為我缺乏界線。我是一個敞開門的房子，別人隨時可以闖入，我卻不知道說「不」。這肯定讓我感到焦慮和緊張！所以，我認為最安全的辦法就是遠離人群，躲在一個舒適安全的角落，享受簡單安靜的生活。但這樣的生活方式也讓我錯過很多關係中的美好。

建立了界線之後，我有了更多安全感，可以選擇頻率相同喜愛的關係，拒絕不健康的關係。這在很大程度上幫助我克服了社交恐懼。

當完美主義來敲門：

完美主義簡直是消耗我心力的頭號殺手。它讓我永遠不滿意，哪怕得了九十九分，我不會因九十九分而滿足，而會為失去的一分耿耿於懷。「好一點，再好一點」，一個永遠達不到的目標或期待總不停地追趕著我。

學了界線課後才明白，我已經對自己越界！從此，我會給自己定合理的目標，當達到目標時，就為自己慶祝，欣賞和讚美自己。這讓我常常看到自己的成就和進步，我對自己也越來越認可和有信心了。

當討好型人格來敲門：

從小被教育要友善、要熱情、要禮貌，這為我披上了一個「老好人」的人設。即使自己很難受、不舒服，也要表現出很友善的樣子，很難說「不」，同時，也很難接受別人對我說「不」。

學習界線課以後，我決定撕下「老好人」的人設，讓自己做回真實的自己，尊重自己真實的想法，不再被「老好人」的人設捆綁。神奇的是，當我允許自己去表達自己真實的感受和想法時，更多發自內心的愛自然流淌了出來。在發自內心的好行為出來之前，要給足自己「說不」的自由和力量，不然好行為的背後會累積壓抑與痛苦，而不是自由和甘甜。

當我擔心因為我立界線而失去一段關係的時候，我內心更堅定的聲音告訴我，如果我用正確的方式立了正確的界線，對方還是選擇離開我，這段關係就不是我想要的健康關係，即使失去也不需要害怕。

同時我也學會尊重別人的拒絕和界線，因為懂得了界線的本質不是傷害，而是保護，因為我們更明白彼此真實的需要。

當自責的聲音來敲門：

從小我都是一個很乖很努力的孩子，父母對我的投入很多，對我的期望也很高。

小時候，媽媽常常給我講的一句話是：「你看媽媽為你付出那麼多，不像其他媽媽都出去玩。媽媽天天陪著你，你一定要好好學習，不然怎麼對得起我？」

爸爸則是逢人便誇我優秀，爸爸媽媽的朋友見了我都是各種誇讚，誇得我都覺得那個人已經不是我了。

媽媽的叮囑讓我感到壓力很大，好像她的所有希望所有幸福都掌握在我手中。

爸爸在別人面前對我的欣賞和讚美，讓我感到的並不是鼓勵和賦能，而是如果我不像他希望的那個幻影那樣優秀，我就是不合格的。而我永遠也不能成為那個幻影。這讓我對自己很不滿意，也很想逃離所有的親戚和父母的朋友。

父母從小很愛我，把我養在蜜罐裡，所以我並沒意識到父母帶來的傷害。直到學習了界線課程後，我才明白父母其實已經嚴重越界了。

當我達不到父母對我的期許而感到自責時，我會對自己大聲說：我的人生我做主，滿足別人的幸福和期望不是我的責任！

當否定的聲音來敲門：

還記得我在準備婚禮，購買婚禮禮服時，我看中了一件我很喜歡並且很適合我的禮服。可是一旁的媽媽就一直說不好看，不適合我，百般阻撓我買那件禮服。我最終只好放棄。獨自走在路上的時候，我忍不住崩潰大哭。不是因為這件事本身而崩潰，而是它勾起我的許多回憶：一直以來，媽媽總會干涉我的事情，從小帶我去買衣服，如果那件衣服是我喜歡但她不喜歡的，她就各種吐槽，吐槽到我覺得買下那件衣服就是一個錯誤的選擇。然而，快要結婚的我已經獨立，媽媽還在這樣干涉我，我內心卻沒有力量說「不」，這讓我感到很挫敗。

界線課讓我明白，這是媽媽越界的行為。

現在當媽媽不請自來，滔滔不絕地給我反對建議的時候，我會禮貌地對她說：「媽媽，我已經有自己的決定了！」

學習界線不是讓我們一意孤行，不聽取別人的意見，而是當我們不需要別人給意見時，我們有自由過濾和謝絕別人的意見，從而避免精神內耗，實現獨立自主。

當我自己越界別人的門：

以前和媽媽相處時，我覺得和媽媽的關係是混雜的，我想她按照我希望的方式去說話、去思考、去做決定，媽媽感受到的是被否定和指責，所以她完全處於抵抗的狀態，讓我一度覺得和媽媽無法交流，關係充滿危機。

學習界線課後，才意識到自己越界了。我已經闖到媽媽沒有門的房子裡，我得退出來。於是我向媽媽道歉，並且去接納她本身的樣子。當媽媽感到被理解、被接納，她的心變得更柔軟，我們之間的溝通也變得更順暢。

界線課幫助我和媽媽重新建立了舒服親密的關係！

我原來的生活像八寶粥一樣，在時間文火的慢燉下越熬越黏糊，而界線課幫助我理清我擁有的食材，我可以用新的烹飪方法，為自己烹飪一道符合自己口味的健康美食。

很感恩有這次學習機會，讓我靜下來進行認真梳理。我欣喜地發現，借助吉祥老師界線課的學習和不斷練習，我受益良多，原本混亂拉扯內耗的生活變得如此自由和舒心！

也許我以前經歷的生活也有你生活的影子，希望你也能像我一樣，學習和練習如何用正確的方式立界線，收穫真正親密享受的關係，同時你也會更自由有力量。

後記

寫完這本書，我感到既輕鬆又沉重。輕鬆的是，在改了N次後終於定稿了，這本書即將和大家見面了。沉重的是，我知道這本書只是一個開始，瞭解界線，知道自己需要界線，只是邁出了立界線的第一步，真正艱難的是後面的行動。我常常在想，有時候是不是保持無知比不停進步更能讓一個人快樂。很多上過我界線課的學員，在過後一段時間中都經歷了痛苦，不是因為無知，恰恰是因為他們比以前更加清醒，更清楚自己人生中各種關係的痛苦是從何而來，因此決定行動起來，在生活的方方面面開始設立界線。

當他們剛開始立界線時，對方會因為多年來習慣了沒有界線的關係但突然被要求遵守界線而要麼勃然大怒，要麼冷嘲熱諷，要麼道德綁架。這時候，主動立界線的一方會經歷自我懷疑、孤單，害怕失去這段關係，並且想要妥協，回到過去的舊模式中。他們不被理解，常被人說做作，沒有立刻感覺到立界線帶來的益處。

每次看到他們的掙扎，我都難過、擔憂而又興奮。難過的是他們要面對極大的挑戰，擔憂的是怕他們撐不過這樣的艱難，興奮的是我期待看到他們學會立界線後可以享受自由。欣慰的是，絕大部分學員都堅持下來了。他們一遍又一遍地聽課，密密麻麻地記下每一個要點，然後溫柔而堅定地實踐出來。

他們當中有長期被配偶用ＰＵＡ手段控制的全職主婦，有不自覺討好下屬的公司高管，有五年不想回家的大學生，有被婆媳關係攪得快要離婚的新婚夫妻，有總是被同事利用的老好人，有被媽媽情緒勒索的兒子，也有為了孩子犧牲一切卻被孩子討厭的媽媽。這些勇敢的人，為了走出關係的困境，努力改變，變得越來越有力量，越來越會為自己發聲，也越來越能夠保護自己。他們不再輕易被冒犯，不再被同事佔便宜，不再討好那些不值得的人，不再害怕提要求，不再無法拒絕別人的要求……

他們的生命因為自己的努力而更新改變。因為界線，他們終於享受到了久違的自由，這樣的自由是安全的、自信的、被保護的、不被隨意攻擊的。

我很喜歡一句話：你生活的樣子，都在你的努力中。

我盼望這本書，不僅能為你的生活立界線，而且能為你的人生賦能，最終使你的每一段關係都健康而甜蜜。

致謝

感謝我的先生傑哥。多少個夜晚，我在樓下書房寫稿，他就坐在旁邊沙發上做自己的事情，我一抬頭就能看到他。他上了一天的班，又照顧孩子睡覺，其實已經很累了，完全可以上樓在床上舒舒服服地躺著看看書或玩玩樂高，但他選擇和我待在一個空間裡，在我快喝完杯中的水時給我添水，時不時看我兩眼，看看我有什麼需要……安靜的夜裡，有他的陪伴，即便我們什麼話都不說，我也覺得很幸福、很溫暖。

感謝我的媽媽，願意接受和尊重我的界線。謝謝她願意挑戰自己，走出舒適區，接受健康的新理念並積極做出改變。這對一個年過六旬的女性而言很不容易，特別是幾十年的傳統認知被她一手帶大的女兒所挑戰，但我的媽媽願意保持開放，一生都不停止讓自己變得更好。她讓我想到楊紫瓊在奧斯卡頒獎典禮上說的那句話：女士們，不要讓任何人告訴你，你已過了人生巔峰，永遠不要放棄。我媽媽是這句話的真實寫照。

還有我的爸爸，這個總是無條件相信我的男人。有一次我發現自己穿的褲子一邊長一邊短，所以我的第一反應是，我有長短腿。當我無意中告訴爸爸時，他頓時大笑起來，並且斬釘截鐵地說，絕不可能，我的女兒怎麼可能長短腿，一定是褲腿長短不一。我當時就想，好好的褲子怎麼可能會做成長短不一。到了晚上，爸爸仍不放心，連著打了五個電話催促我量一下褲腿，以證明他說的是對的（其實是他心裡有點著急）。我一邊想，這可真是越界了，一邊順手拿起褲子的兩個褲腿一量，竟然還真是褲腿長短不一。那時我才意識到，生命中被愛你的人偶爾越界，可能也是另一種幸福。

還要感謝我的人生教練佩蓉姐和為千哥。他們亦師亦友，總是陪伴在我的身邊，因為他們真正地瞭解我，這在生命中是極大的祝福。任何時候，只要我需要他們，他們就會用真理來鼓勵我，有人誤會我時，他們也會毫不猶豫地站出來替我澄清。他們會在我走偏的時候用愛心提醒我，也會在我成功時為我歡呼。當我邀請佩蓉姐再次為這本書寫序時，我話還沒說完，她就答應了。這樣的友誼，讓我感到無比心安。

也要感謝中信出版社願意出版我的這本書。中信出版社的編輯團隊幹練專業，細緻認真修改書稿，力求為讀者呈現出最優質的內容。

感謝我的策劃團隊：雪菲、楊碩和王雪，三個姑娘組成的鐵人團隊。在我度假時，雪菲會提醒我記得帶上筆記本電腦可以繼續寫書。當我生病時，她總會假惺惺地送來問候，然後告訴我其實她真正想說的是我在生病休息時正好可以專心寫稿。嗯，我非常喜歡這個心狠手辣的女人。

楊碩會在凌晨四點，也就是美國時間下午四點，告訴我她這麼早起來是因為在等我改好稿子交給她，並安慰我千萬不要有壓力。這個綿裡藏針的姐姐忘了，我是心理專家，不會那麼容易被她情緒勒索，雖然十分鐘後我就趕緊把改了七次的稿子交給了她。

王雪姑娘人狠話不多，默不作聲地為我聯繫到中信出版社，並把一切細節談妥。其中的過程和困難她只字不提，用滿意的結果說話，是她一貫的作風。我喜歡這樣專業而傲嬌的女人。

她們的專業讓同為女性的我感到既驕傲又感動，和一群專業而高素質的夥伴一起出這本關於界線的書，是我人生中的精彩，也是我的榮幸。我期待和她們一起出版我的第三本、第四本、第五本、第六本書……第N本書。

最後，要感謝參加我界線課的學員們，他們總是不遺餘力地主動為我宣傳，在我的直播間裡，在他們的朋友圈裡，搞得他們每個人都像是我花錢請來的粉絲。我真的很感動，他們完全可以自己經歷改變就好，但他們總是那樣熱忱，巴不得把自己獲得的好東西分享給別人，讓更多的人一起經歷這樣的改變和祝福。他們是光，總在照亮身邊所有的人。

我愛你們。

吉祥

好的愛，有邊界

沒有誰該受傷，
從揪心到暖心的 50 個邊界正念練習

國家圖書館出版品
預行編目（CIP）資料

好的愛，有邊界 / 吉祥著 . -- 第一版 . --
臺北市：寫樂文化有限公司，2024.09
面；　公分 . --（我的檔案夾；76）
ISBN 978-626-98912-0-7(平裝)

1.CST: 人際關係 2.CST: 自我實現

177.3　　113011976

作者　吉祥
主編　周國渝
封面設計　Decon Huang
內頁設計　Decon Huang
行銷企劃　洪于茹

出版者　寫樂文化有限公司
創辦人　韓嵩齡、詹仁雄
發行人兼總編輯　韓嵩齡
發行業務　蕭星貞
發行地址　106 台北市大安區光復南路 202 號 10 樓之 5
電話　(02) 6617-5759
傳真　(02) 2772-2651
讀者服務信箱　soulerbook@gmail.com
總經銷　時報文化出版企業股份有限公司
公司地址　台北市和平西路三段 240 號 5 樓
電話　(02) 2306-6600

第一版第一刷 2024 年 9 月 17 日
ISBN 978-626-98912-0-7